MEDITACIÓN

Técnicas de meditación para relajarse y aliviar la ansiedad

(Guía de mindfulness para la auto disciplina y el éxito)

Iago Godoy

Publicado Por Daniel Heath

© **Iago Godoy**

Todos los derechos reservados

Meditación: Técnicas de meditación para relajarse y aliviar la ansiedad (Guía de mindfulness para la auto disciplina y el éxito)

ISBN 978-1-989853-81-8

Este documento está orientado a proporcionar información exacta y confiable con respecto al tema y asunto que trata. La publicación se vende con la idea de que el editor no esté obligado a prestar contabilidad, permitida oficialmente, u otros servicios cualificados. Si se necesita asesoramiento, legal o profesional, debería solicitar a una persona con experiencia en la profesión.

Desde una Declaración de Principios aceptada y aprobada tanto por un comité de la American Bar Association (el Colegio de Abogados de Estados Unidos) como por un comité de editores y asociaciones.

No se permite la reproducción, duplicado o transmisión de cualquier parte de este documento en cualquier medio electrónico o formato impreso. Se prohíbe de forma estricta la grabación de esta publicación así como tampoco se permite cualquier almacenamiento de este documento sin permiso escrito del editor. Todos los derechos reservados.

Se establece que la información que contiene este documento es veraz y coherente, ya que cualquier responsabilidad, en términos de falta de atención o de otro tipo, por el uso o abuso de cualquier política, proceso o dirección contenida en este documento será responsabilidad exclusiva y absoluta del lector receptor. Bajo ninguna circunstancia se hará responsable o culpable de forma legal al editor por cualquier reparación, daños o pérdida monetaria debido a la información aquí contenida, ya sea de forma directa o indirectamente.

Los respectivos autores son propietarios de todos los derechos de autor que no están en posesión del editor.

La información aquí contenida se ofrece únicamente con fines informativos y, como tal, es universal. La presentación de la información se realiza sin contrato ni ningún tipo de garantía.

Las marcas registradas utilizadas son sin ningún tipo de consentimiento y la publicación de la marca registrada es sin el permiso o respaldo del propietario de esta. Todas las marcas registradas y demás marcas incluidas en este libro son solo para fines de aclaración y son propiedad de los mismos propietarios, no están afiliadas a este documento.

TABLA DE CONTENIDO

Parte 1 1

Introducción 2

Capítulo 1: Medite, No Medique 7

Capítulo 2: Libere Su Mente Y Enfóquese 15

Capítulo 3: El Entorno Lo Es Todo 23

Capítulo 4: Libérese Y Sólo Respire 35

Capítulo 5: Meditación Transcendental......................... 41

Capítulo 6. Las Diferentes Formas De Meditación........ 50

Conclusión 54

Parte 2 56

Introducción 57

Capítulo 1: ¿Qué Es La Meditación? 59

¿QUÉ ES LA MEDITACIÓN? 59
¿CUÁL ES SU HISTORIA?... 60
¿QUIÉN LA PUEDE PRACTICAR? 60
¿QUÉ VENTAJAS TIENE? 61
¿CUÁN SEGUIDO DEBERÍA PRACTICARSE? 62
¿ES REALMENTE ÚTIL?.. 62
¿CUÁN PRONTO SE PUEDEN VER LOS RESULTADOS? 63
¿ES SOSTENIBLE? 63

Capítulo 2: Mitos Sobre La Meditación 65

Capítulo 3: La Meditación Y Sus Beneficios 75

BENEFICIOS MENTALES 75

Capítulo 4: Empezamos 87

PREPARÁNDOSE PARA MEDITAR 87
HALLAR LA POSTURA CORRECTA 96
SENTARSE EN UNA SILLA.. 100

Arrodillarse: Usar Una Almohada O Almohadón 102
Sentarse Con Las Piernas Cruzadas 105
Malas Posturas 112

Capítulo 5: Técnicas De Meditación Para La Autoconciencia Y La Relajación 117

Meditación Trascendental *123*
Meditación Con Yoga *124*
Meditar Caminando *125*

Capítulo 6: Meditaciones Sentadas 143

Conclusión 201

Parte 1

Introducción

La meditación tiene la capacidad y el potencial para alterar completamente su vida, si se hace correctamente. Este libro tiene un doble propósito. Está diseñado para convencerle de que la meditación es algo que debería implementar inmediatamente en su vida y para enseñarle los fundamentos de las técnicas apropiadas de meditación. Como psiquiatra veterana, puedo decirle con confianza que CUALQUIERA puede beneficiarse de la meditación diaria. Las personas tienen la tendencia de estresarse tan tensamente que eventualmente ´estallan.´ La meditación le permite relajarse lentamente con el tiempo y le muestra como calmar su mente para que nunca más se estrese tan tensamente otra vez.

Este libro no ha sido escrito con la intención de ´decirle´ como debería estar meditando, sino más bien para ofrecerle sugerencias útiles que usted puede escoger implementar, o no. La llave de la meditación es tener en cuenta que es una experiencia enteramente personal. Nadie puede decirle que usted está meditando de la manera equivocada. Cada individuo medita de manera diferente y eso está totalmente bien. La meditación simplemente sirve como un medio para un fin; siendo este fin un comportamiento más calmado, disminuir el estrés generalizado y una mente más pacífica. Realmente no importa cómo llegue a este fin, mientras eventualmente llegue allí.Para algunos, obtener más paz en sus vidas sólo puede suceder si se lanzan en paracaídas una vez al mes, dándoles un torrente de adrenalina que los calma por completo.Sé que suena contradictorio, pero esto es personalmente una de las cosas que yo hago para calmarme.Encuentro que luego de un enorme torrente de adrenalina todo lo demás en la vida parece menos importante.Sin embargo como usted esta leyendo este libro, asumo que su interés no está en el paracaidismo, sino en la meditación.Junto con el paracaidismo una vez al mes, medito dos veces al día, sin importar qué. Mis sesiones duran alrededor de 15-20 minutos y realmente hacen la diferencia en mi vida. Les recomiendo la meditación a todos mis pacientes y muchos de ellos han visto un gran éxito con esta práctica.

Creo que la principal razón por la cual las personas no ven resultados con la meditación es porque no se comprometen completamente a una rutina estricta de meditación, y cuando meditan no se permiten a sí mismos perderse en la experiencia. Para tener una experiencia de meditación exitosa debemos desconectar cualquier distracción, ¡incluyendo teléfonos celulares y computadoras! La meditación es una práctica ancestral y ¿Por qué usted cree que ha permanecido por tanto tiempo en este planeta? Porque realmente obra maravillas en el bienestar mental y físico.La meditación hará su vida mejor si la hace todo el tiempo.En mi opinión, la mejor parte sobre la meditación es que es gratis y literalmente cualquiera puede comenzar a hacerla inmediatamente.La mente humana es una herramienta inmensamente ponderosa, tiene el poder de mejorarnos, o destruirnos.

Dominar su mente es más sencillo de lo que usted cree si está dispuesto a dedicarle tiempo. Meditando frecuentemente se permite a si mismo familiarizarse con su mente. Esto podría sonar extraño ya que usted podría pensar que ya está familiarizado con su mente, pero piénselo otra vez. La vida moderna se ha vuelto tan imparable y ocupada que la mayoría de nosotros no tenemos tiempo para relajarnos realmente.La idea de relajarse de la mayoría de las personas incluye ver programas en la televisión, escuchar música y otras actividades similares. Aunque estas actividades pueden ser divertidas, no lo están haciendo una persona más atenta. Para la mayoría de las personas, el único momento que pasan a solas con sus propios pensamientos son los pocos minutos antes de quedarse dormidas. ¿Nunca se ha despertado luego de un sueño y se ha sentido como si estuviese totalmente renovado y como si tuviese todas las respuestas a las preguntas que tenía? Eso es lo que la meditación puede hacer por usted todos los días si domina este arte. Permítame llevarlo a través de los fundamentos del mágico arte de la meditación. ¡Su verdadera paz y felicidad es justo a la vuelta de la esquina!

Capítulo 1: Medite, no Medique

Mantener la calma en situaciones estresantes puede ser increíblemente difícil. Estamos plagados con cuotas diarias de estrés cada día. El estrés puede tener un impacto en todos los aspectos de nuestras vidas. Desafortunadamente, cuando nos enfrentamos a una gran cantidad de estrés, usualmente no sabemos cómo lidiar con estas situaciones. Durante nuestras vidas pueden ocurrir ciertas situaciones que no sólo nos llenen de una inmensa cantidad de estrés, sino que también nos dejan cicatrices bastante duraderas. Mientras que un estrés menor es normal, si usted está enfrentando una gran cantidad de estrés que afecta su vida diaria, debería encontrar formas de reducir este estrés. Para algunos, la solución para lidiar con el estrés podría ser diferente a los demás. Algunos individuos podrían elegir visitar su centro de salud local y solicitar medicamentos ansiolíticos y antidepresivos. Aunque estos medicamentos lo atontarán y no lo dejarán sentir la misma cantidad de estrés que podría haber estado sintiendo antes, no debería recurrir a la medicación para aliviarse inmediatamente. Afortunadamente, hay otras alternativas naturales que pueden y deberían ser utilizadas en lugar de agresivos medicamentos llenos de químicos. Usted quiere resolver el problema desde la raíz; no disimularlo atontando sus sentidos. Solucionar con parches sólo lo ayudará hasta que el verdadero problema levante su horrible cara. Alternativas tales como las saludables vitaminas, el ejercicio y la meditación, y otros remedios naturales son grandes soluciones para el estrés, la ansiedad y la depresión. Ejercitar mentalmente su cerebro a través de la meditación también ayuda a disminuir los síntomas de la ansiedad, el estrés y la depresión de una manera saludable y controlada.

Existen fundamentos básicos para meditar que deben ser seguidos. Estos fundamentos incluyen pero no se limitan a; liberar su mente de pensamientos y preocupaciones, sentarse en una posición cómoda, conseguir un espacio tranquilo, respirar profundamente y enfocarse. La meditación es en efecto un ejercicio mental que le permite a un individuo enfocarse en un estímulo, ya sea una palabra, un lugar, un individuo, un sentimiento o en la nada. Una persona debe permanecer quieta durante la meditación y mantener su mente concentrada en una cosa. Parte de la razón por la cual la meditación funciona tan bien con la ansiedad y la depresión es porque le ayuda a uno a ganar control. Cuando un individuo esta plagado con un desorden de ansiedad, con frecuencia no se sienten bajo control. Estos individuos no sienten que tengan el control de sus propios sentimientos, acciones, o el mundo al rededor de ellos. Por ejemplo, una persona con desorden de ansiedad puede tenerle mucho miedo a tomar un vuelo pero escoge hacerlo de todas formas. Una vez en el aire, puede comenzar a tener un ataque de pánico. Durante este ataque de pánico hay un millón de pensamientos que estarán pasando por su mente.Uno de estos pensamientos puede ser que no controla el avión. ¿Y si quisiera salir del avión? Bueno, no puede porque el avión esta en el aire y la única forma de bajar es aterrizar. ¿Y si enloquece y ocasiona una escena con los otros pasajeros y las aeromozas porque es incapaz de controlar sus propias emociones? Todos estos son pensamientos que pueden pasar por la mente de un individuo que tiene un desorden de ansiedad. La falta de control es lo que realmente lo convierte en un desorden abrumador. Cuando está ansioso, por lo general aumentan los latidos de su corazón y también aumenta su presión sanguínea. Con la meditación, a través del tiempo, tendrá la posibilidad de enseñarse a si mismo a mantener la calma en todas las situaciones.Aprender técnicas de meditación que puedan ser usadas a diario es increíblemente útil para aquellos que sufren de ansiedad ya que comienzan a sentirse más al control de las situaciones cuando son capaces de controlar lo que sucede dentro de sus cuerpos. La meditación no sólo beneficia a las personas con desórdenes mentales sino que ¡puede ser un agregado asombrosamente útil para la vida de cualquiera!

Cuando usted entra en pánico, pierde el control. Puede comenzar a hiperventilar, puede sudar, los latidos de su corazón aumentarán y usted será incapaz de pensar correctamente. La meditación realmente puede enseñarle cómo controlar sus pensamientos y su cuerpo perfectamente. Cundo aprende nuevas formas de controlar sus emociones y pensamientos automáticos, es menos propenso a tener ataques de pánico. El pánico con frecuencia lleva a pensamientos de muerte de otras personas, o de morirse y a otros pensamientos que son anormales y por lo general, altamente desagradables. ¿Se estrellará este avión? ¿Moriré hoy de un infarto? ¿Y si enceguezco cuando esté conduciendo a casa y choco? Estos son todos pensamientos irracionales pero reales, en los que una persona con desorden de ansiedad puede empezar a pensar durante un ataque de pánico, o en el principio de su día a día. Una vez que sea consiente de cómo reemplazar sus pensamientos negativos llenos de preocupación y miedo con pensamientos positivos, la cantidad de ataques de pánico y el estrés general que tiene disminuirán significativamente. Elimine los pensamientos nocivos llenos de peligro y miedo con acciones y pensamientos positivos a través de la herramienta de la meditación. Meditar a diario ayudará a prevenir ataques de pánico así como disminuirá sus niveles diarios de estrés.

Con frecuencia nos abrumamos tanto por la vida que olvidamos relajarnos. Cuando no podemos relajarnos, tomamos una píldora para ello. Tomamos una píldora con el objetivo de conciliar bien el sueño durante la noche pero cuando despertamos y no tenemos nada de energía, tomamos una píldora para eso también. Aprender técnicas de meditación puede eliminar fármacos nocivos de su vida y animarlo a tener un estilo de vida saludable. Una vez que comience a meditar, puede que entonces quiera comer mejor y comience a ejercitarse más también. Personalmente no me gusta hacer ejercicio en las mañanas hasta no haber hecho al menos 10 minutos de meditación. Incorporar una dieta saludable con la meditación y una buena rutina de ejercicio es la mejor receta para una mente saludable, un cuerpo saludable, y un alma saludable. Gane el control de su vida a través de la meditación y elimine la energía y los pensamientos negativos.

Cuando medita, puede observarse a si mismo. Puede realmente pensar en usted mismo como persona. Este tipo de evaluación introspectiva es increíblemente importante para el desempeño personal y laboral. Cualquier cosa que queramos lograr u obtener puede suceder siempre y cuando pongamos nuestras mentes en ello. La meditación nos anima a desensibilizarnos de cualquier pensamiento negativo o restricciones que pudiéramos tener. Cualquier miedo, preocupación o inquietud puede ser eliminado de nuestras vidas a través de la meditación. En lugar de tomar un viaje al doctor por una prescripción, tome una esterilla, encuentre un lugar tranquilo, enfóquese, respire y aprenda a relajarse. Se sorprenderá de lo que se puede lograr cuando simplemente pone su mente en algo y se enfoca profundamente sin ninguna distracción exterior o pensamientos nocivos. Despréndase de cualquier negatividad en su vida y aprenda cómo manejar las situaciones apropiadamente a través de autoevaluaciones y observaciones. Cuando entendemos lo que estamos haciendo y porqué lo hacemos, se vuelve más sencillo eliminar esas acciones negativas de nuestras vidas. No se consuma y se abrume por sus problemas. Entiéndalos y elimínelos.

Capítulo 2: Libere su Mente y Enfóquese

¡Enfóquese! ¡Enfóquese! ¡Enfóquese! Incluso si en la nada. No importa qué tanto lo intentemos, a veces, es frecuente que se nos vuelva increíblemente difícil enfocarnos en lo que está en frente de nosotros. Habiendo dicho esto, cuando estamos tratando de meditar, este problema definitivamentepuede presentar un obstáculo en el proceso. La meta es, o liberar su mente de cualquier y todo pensamiento, ya sean positivos o negativos, o enfocarse estrictamente en pensamientos positivos. Cuando esté enfocado y calmado su vida mejorará, es realmente así de simple. No pase la vida constantemente estresado y bajo presión cuando no tiene que hacerlo. Aunque se pueda sentir abrumado en ocasiones, como si no hubiese salida, afortunadamente, sí la hay.

Hay algunos fundamentos relacionados con el proceso del enfoque y la meditación, la primera cosa que usted querrá hacer es asegurarse de dormir una cantidad suficiente de tiempo cada noche. Ahora, esto es obviamente más sencillo de decir que de hacer. Tenemos niños, tenemos que trabajar hasta tarde y a veces incluso tenemos insomnio. Desarrollar un mejor ciclo de sueño le ayudará a ser un individuo equilibrado por completo.Algunas personas sobreviven del café y píldoras energéticas para seguir adelante y seguir avanzando a lo largo del día, de cualquier manera estas alternativas no son siempre las mejores soluciones o las más saludables que hay. La meditación no sólo puede enseñarle cómo enfocarse sino que también incrementa la cantidad de energía que tenga a lo largo del día.

Cuando comienza a meditar al principio de su día a día, se convierte más en una rutina. También se hace más sencillo meditar cuando lo incorpora a su rutina diaria. Mientras más medite, más efectivo es el proceso. Si usted intentó meditar una vez y se le hizo difícil, está bien.Nos toma tiempo adquirir las habilidades necesarias cuando intentamos tener una experiencia de meditación saludable. Para meditar efectivamente, hay algunos pasos que se deben seguir con el objetivo de lograr el efecto completo de la meditación y las cosas increíbles que puede hacer por nuestra mente, nuestro cuerpo y nuestra alma.

Dormir lo suficiente, como se discutió antes puede ser difícil pero definitivamente es posible. Afortunadamente, somos capaces de enfocarnos mejor al dormir poco, cuando somos más jóvenes. De cualquier forma cuando envejecemos, esto suele cambiar. Una vez que entramos a la adultez, si realmente queremos ser productivos en la vida debemos enfocarnos en dormir lo suficiente por tantas noches a la semana como sea posible. Dormir entre siete y ocho horas durante la noche usualmente es lo mejor. Tenga en mente que usted no querrá dormir menos de siete-ocho horas, o más de siete-ocho horas porque dormir demasiado también puede afectarlo de forma negativa. Para algunos de nosotros puede ser difícil lograr esto y dormir por esta cantidad de tiempo.

Tenemos niños, parejas que roncan, y otros disturbios a los que podemos estar enfrentándonos durante la noche. Asegurarnos de que recibimos la cantidad adecuada de sueño cada noche es crucial para el proceso de meditación. Encontrar el tiempo para dormir es difícil pero debe, o establecerse una hora para dormir, o encontrar tiempo durante el día para tomar siestas para intentar recuperar las horas de sueño perdidas durante la noche. De cualquier forma que lo haga, asegúrese de que sus patrones de sueño seanoportunos, consistentes y efectivos.

Eliminar las distracciones es otro aspecto importante de la meditación. La meditación se trata por completo de relajarse. La meditación lo lleva a encontrar paz con usted mismo y con su mente. Si hay ruidos estridentes, conversaciones, u otras cosas sucediendo alrededor de usted, será muy difícil que se enfoque. Mientras esté meditando intente permanecer en la zona. Debe desintonizarse de lo que esté a su alrededor. Apague su teléfono celular y cualquier televisor que pueda estar cerca y sólo piérdase en usted mismo.

Cuando sea capaz de desintonizarse del mundo, comenzará a verdaderamente entenderse a usted mismo.Encuentre su zona. No piense en el tiempo, el espacio, que será de la cena o la limpieza del hogar, piérdase en el momento de la meditación. Frecuentemente estamos tan ocupados con nuestras vidas normales y la rutina que aclarar nuestras mentes es increíblemente difícil. Cuando nos enfocamos en la vida, la escuela, nuestros hijos, el trabajo y otras cosas que toman nuestro tiempo y energía, es difícil dejar ir esos pensamientos, incluso si es por un corto tiempo.

Una manera de animarse a la meditación es llevar a cabo esta actividad unas cuantas veces al día. Ahora, sé que esto puede parecer extremo, pero no lo es. La meditación usualmente requiere una cantidad significativa de tiempo, digamos 10-20 minutos más o menos, dicho esto, no tiene que ser así. Cuando pasamos de un área de nuestras vidas a otra, se vuelve difícil para nosotros procesar esto. Por ejemplo, cuando salimos del trabajo y vamos directo al modo mami/papi o esposa/esposo en casa, podemos sentirnos abrumados, como si el trabajo nunca terminara. Intente tomar unos cuantos minutos a diario luego de cada fase transicional para meditar. Durante este tiempo se pueden hacer cantidades cortas de meditación. Tómese unos cuantos minutos y deje su ´yo´ del trabajo atrás, ordene sus ideas y deje ir esa parte de su día por completo antes de entrar en su siguiente fase transicional.

Trabajar solo puede ser increíblemente abrumador. Debemos encontrar tiempo en nuestro día para ver el final de nuestro día de trabajo y entonces prever que nos aguarda en casa. Dicho esto, debe darse ese tiempo dentro de la fase transicional para ordenar sus ideas y procesar sus siguientes pasos. Cuando cambia nuestro entorno, también lo hacen nuestros pensamientos, sentimientos y acciones. Este momento puede ser utilizado para dejar atrás cualquier energía negativa que se pudiera haber desarrollado en el trabajo, y comenzar renovado con la nueva transición. Intente tomarse el tiempo mientras viaja diariamente al trabajo y de regreso de éste para dejar ir cualquier energía negativa. Si está de camino al trabajo, intente no pensar en la discusión que tuvo con su ser querido esa mañana o en lo que necesita hacer cuando regrese a casa. Libere su mente de cualquier pensamiento, de esa manera será capaz de comenzar su día de trabajo con el tablero en blanco.

Intente concentrarse en áreas positivas y saludables mientras esté manejando. Esta es su zona. Su zona puede ser cualquier cosa,desde una isla desierta a una tranquila cabaña en las montañas. Esta acción hace alusión a la meditación visual. Cuando somos capaces de visualizar una idea o lugar y enfocarnos solamente en ese lugar, esto es considerado meditación visual.

Este tipo de meditación es efectivo ya que nos permite imaginar y visualizar lo que queremos en nuestras metes. Podemos,o visualizar un lugar en el que queramos pasar nuestras vidas, o tal vez unas vacaciones.Cual sea y donde sea que pueda ser este lugar, asegúrese de que sea capaz de liberar su mente cuando esté pensando en este hermoso lugar.

Siendo completamente honestos, pasará momentos increíblemente difíciles meditando si es incapaz de liberar su mente de los pensamientos cotidianos. Esto es algo que debe practicar y tomará tiempo. Sea paciente, con el tiempo entrenará su mente para despejarse cuando sea el momento indicado.

Capítulo 3: El Entorno lo Es Todo

Hay varios factores que hacen a la meditación efectiva. Un factor es el entorno en el que está ocurriendo la meditación. Es importante recordar que el ambiente de la meditación puede ser diferente para cada uno. Por ejemplo, algunos individuos pueden escoger meditar afuera, algunos individuos querrán meditar mientras practican yoga en una clase de yoga y otros pueden ser capaces de simplemente dejarse caer en su sala de estar, apagar la televisión y meditar. El proceso completo de meditación, aunque involucra diferentes factores, básicamente depende del entorno en el que se lleve a cabo. Probablemente no verá a un individuo meditando en el medio Disneylandia.Podría hacerlo, pero la probabilidad de que esto suceda es muy baja. Lo primero que necesita cuando medita, es un lugar tranquilo. Este lugar tranquilo puede ser cualquier parte en la que se sienta cómodo.No deje que las distracciones se interpongan en su proceso de meditación. La mayoría de los individuos necesitan un área tranquila libre de otras distracciones e individuos para realmente poder sumergirse en el proceso de meditación. Ya sea su familia o amigos, perro o gato, las distracciones pueden y muy probablemente, se interpondrán en su sesión de meditación libre de estrés.

Si realmente quiere fomentar el ambiente para meditar libre de distracciones, discútalo con su familia, amigos, compañeros de cuarto, o quien sea que pueda interrumpir este proceso. Programar una hora en específico del día para meditar es una buena manera de comenzar con esto. Si tiene un compañero/a de cuarto por ejemplo, déjele saber que cada noche a las 8:00PM estará meditando. Si es necesario, coloque un letrero de no molestar en la puerta si siente que se le podría olvidar. Cuando tiene expectativas y es proactivo al fijar el escenario para sus técnicas de meditación, tiene más probabilidad de alcanzar su meta. Ahora, dicho eso, tenga en cuenta que puede hacer todos los arreglos del mundo y aún así no ser capaz de controlar todo lo que suceda.puede estar en un fantástico ciclo de meditación cuando su vecino decide hacer una fiesta a las 8:00PM con música increíblemente ruidosa y un montón de gente. Ahora, si eso sucede, está bien, puede que no sea capaz de tener una sesión de meditación completaesa noche, así que sólo asegúrese de exprimir un poco de tiempo para meditar en la mañana del día siguiente para compensarlo y relajarse.

Otro método, si algo como esto sucede, es intentar desintonizarse de los ruidos exteriores.Esta es una verdadera prueba de qué tan bien es capaz de meditar y cerrarse al resto del mundo.Puede que no sea posible para todo el mundo hacer esto, sin importar cuanto tiempo lleven meditando pero vale la pena intentar. Intente enfocarse en su respiración y en sus pensamientos internos y desintonice los ruidos externos. ¡Podría descubrir que es capaz de meditar a pesar de todo el ruido y la fiesta alocada de al lado! Tenga en cuenta que esto tomará mucho esfuerzo en enfocarse y concentrarse y puede que no esté a ese nivel todavía. Si no esta a ese nivel, está bien, ¡al menos lo intentó! Con el tiempo, lo estará. Si lo desea podría incluso buscar entornos ruidosos a propósito para realmente probar sus habilidades de meditación.

Una vez que sea capaz de eliminar la mayoría de los ruidos y disturbios a su alrededor, lo siguiente que querrá hacer es identificar un área específica de meditación en el que llevará a cabo la meditación. Ahora, este sitio ideal será diferente para todos los individuos, pero hay algunas pautas comunes que debe seguir. Por ejemplo, tener un área limpia donde pueda meditar. Es importante recordar que la meditación involucra liberar su mente y su cuerpo de cualquier cosa que le pueda estar impidiendo avanzar o bloqueándolo de otras cosas.Si el espacio en el que se encuentra esta sucio y desordenado, será difícil organizar su mente, si lo que esta viendo tambiénesta lleno de desorden. Dicho esto, no necesita pulir el área con sus manos todos los días, de cualquier forma, es importante mantener al área limpia y ordenada.

Mantener su espacio limpio y organizado le ayuda a mantener su mente organizada y limpia también. Aunque puede que no sea capaz de controlar la situación de su vivienda, de cualquier manera puede limpiar por usted y por los demás para asegurarse de estar viviendo en un área razonablemente limpia. La meta de la meditación es despejar las ideas y pensamientos negativos mientras equilibra su mente, cuerpo y alma. Dicho esto, organizar su mente también involucra organizar su casa o el espacio en el que vive. Si está intentando encontrar un lugar para sentarse en el suelo y meditar y no puede por la cantidad abrumadora de suciedad y basura que hay en el suelo, bien, esto es definitivamente un problema.

Dicho esto, aunque la mayoría de los individuos se sienten en el suelo para meditar, en realidad puede sentarse en cualquier parte mientras esté cómodo, porque ¡la comodidad es la llave¡ Si no esta cómodo, no será capaz de enfocarse y buscar realmente dentro de usted. Si esta incómodo físicamente, tampoco será capaz de estar cómodo en su interior. Personalmente tengo una pequeña cabaña río abajo y he dedicado ese lugar para que sea mi zona de meditación. Intente ser consistente con su zona de meditación, ya que esto le permitirá relajarse tan pronto como entre a su ambiente elegido.

Mientras meditan, algunas personas pueden elegir sentarse con sus piernas cruzadas, también conocida como la posición de loto, o simplemente puede sentarse en un sofá, cama o silla. En donde sea que se siente, debe estar lo suficientemente cómodo para permanecer en esa posición y mantener su mente en esa posición también. Si está cómodo será capaz de enfocarse en lo que está sintiendo en su interior, no estará enfocado en lo que esté sintiendo en el exterior. Es muy importante que escoja la comodidad en lugar de intentar hacer lo que hacen todos los demás. Si está cómodo en el sofá y no en el suelo, pero ha visto a la mayoría de los demás individuos meditando en el suelo, ¡no importa! Haga lo que sea mejor para usted. Mientras su cuerpo esté cómodo, puede meditar en cualquier parte. Buscar eliminar tantos estímulos exteriores como sea posible es una parte vital de la meditación.

Si es lo suficientemente afortunado para tener un cuarto de más, intente convertirlo en su propio cuarto de meditación. Haga de este espacio su zona libre de preocupaciones y estrés. Cualquier pensamiento o sentimiento negativo que tenga, déjelos tras la puerta y no los deje entrar a esta habitación. Añadir velas, aroma terapia y fragancias delicadas como lavanda y salvia traerá paz y una sensación de calma a la habitación. Aunque esto no sea posible para todos nosotros, si tiene la capacidad de tener un cuarto de meditación lo primero que debe hacer es asegurarse de que sea la habitación más limpia de su casa. Si es lo suficientemente afortunado para tener una habitación de más, no comience a usarla como un área de almacenaje para su chatarra, esta debe ser un habitación libre de chatarra. Debe ser un espacio abierto en el que pueda entrar en un estado de concentración tan profundo que nada más importe.

Tanga en cuenta que, aunque usted desee que el espacio esté limpio, también querrá asegurarse de tener todos los objetos de meditación necesarios en la habitación. Lo primero que necesitará (si es cómodo para usted) es un tapete para yoga. Puede comprar un tapete para yoga casi en cualquier parte hoy en día y no son demasiado costosas.Los tapetes para yoga vienen en diferentes colores y texturas así que encuentre uno que se adapte a usted.Antes de comprar el tapete, pruebe sentarse en él para asegurarse de que sea cómodo. Si quiere, y puede costearlo, compre unos cuantos tapetes de yoga para que pueda alternarlos y descubrir cuál de ellos le funcionará mejor. El tipo de tapete para yoga que compre dependerá básicamente del tipo de meditación que haga. Por ejemplo, si su tipo de meditación en específico involucra un tipo de yoga en específico como Bikram Yoga, asegúrese de que el tapete que escoja sea para Bikram Yoga. No querrá intentar hacer Bikram Yoga en un tapete de ejercicios regulares. Aunque sea posible, no hará la experiencia muy positiva. Cuando se trata de meditar, querrá asegurarse de estar siguiendo los pasos correctos. Eche un vistazo a cualquier tienda deportiva o busque en línea para comparar precios y encontrar ¡el mejor tapete para usted! Pero como se dijo anteriormente, no necesita un tapete si elige meditar en un sofá o en la cama, etc.

Ahora, echemos un vistazo a la temperatura de su habitación. Lo primero que querrá hacer es asegurarse de que su temperatura esté al rededor de 70 grados. La meta aquí es asegurarnos de que la temperatura no sea demasiado calurosa o demasiado helada ya que esto puede ser un distractor. Si está intentando meditar y se está congelando en la habitación, no será capaz de concentrarse, sólo será capaz de pensar en tomar un abrigo y envolverse. Si la habitación es demasiado calurosa, esto también será una distracción frustrante.

Fije el termostato en una temperatura agradable y asegúrese de que permanezca allí. Junto con la temperatura, verifique también la iluminación del cuarto. Intente dejar la habitación con iluminación natural, ya que la parte más importante de la meditación es sentirse uno con a naturaleza. La luz natural debería ser más que suficiente iluminación para meditar. Si medita durante la noche, asegúrese de tener una pequeña cantidad de luz en la habitación. No querrá que la habitación este tan iluminada que se sienta bajo un interrogatorio. Mantenga la iluminación como la temperatura, en un punto medio y estará bien. Sólo tenga en mente la palabra "calma" y deje que le guie cuando prepare su habitación.

Recuerde, con la sensación de calma vienen áreas limpias y puras, libres de adornos y desorden. Las habitaciones para meditar no necesitan estar decoradas. Con el fin de crear un ambiente más natural, intente añadir un sistema de parlantes al cuarto. Encuentre una estación relajante y presione reproducir. Tal vez esté escuchando las olas del mar o una corriente de agua bajando la montaña, lo que sea, asegúrese de que sea clamado y con eso me refiero que, no querrá intentar meditar con los éxitos musicales de Jay-Z o Kanye. Asegúrese de que la música sea natural y pacífica y llena de naturaleza.

Enfóquese en un espacio limpio y abierto, la temperatura perfecta y sonidos naturales y ¡estará listo para meditar y encontrar a su yo interno! Mejor aún, intente meditar afuera en la naturaleza. La meditación en exteriores es la preferida por muchas personas y le recomiendo fuertemente que o intente. Yo encuentro que meditar a orillas de un río o una playa son los mejores lugares para ir. El sonido del agua en movimiento se vuelve muy relajante y tiende a bloquear cualquier otro potencial sonido distractor en el área.

Capítulo 4: Libérese y Sólo Respire

Durante las prácticas de meditación, la respiración lo es todo. Aprender a controlar apropiadamente su respiración durante la meditación es crucial para lograr momentos de meditación exitosos. La meditación no es simplemente sentarse y zumbar con las piernas cruzadas. Se requiere mucho más en la meditación para realmente ser capaz de recibir el efecto completo de esta técnica. Las técnicas de respiración se utilizan para calmar todo su cuerpo.La respiración en la meditación se utiliza para encontrar paz y serenidad interior en mente y alma.

La única manera de que la meditación realmente funcione es que libere su mente de distracciones, se enfoque y respire.Cuando liberamos nuestra mente, somos capaces de respirar profundamente. Por ejemplo, cuando estamos estresados y bajo presión, nos tensamos. Cuando nos sentimos tensos, no somos capaces de respirar profundamente. Primero querrá asegurarse de que su postura sea la correcta.Si esta sentado desgarbadamente, no será capaz de inhalar profundamente.Encuentre una posición cómoda para sentarse, siéntese correctamente y comience a practicar sus técnicas de respiración.

Lo primero que debe hacer es poner atención en cómo esta respirando. Cuando comience a meditar, su foco es su respiración. Respirar profundamente y desde abajo es importante ya que ayuda a relajar su cuerpo. Tenga en cuenta que no será sencillo al principio. Tendrá que desintonizarse de todo en su entorno, tendrá que liberar y despejar su mente y sólo pensar y enfocarse en su respiración. Enfocarse en su respiración es mucho más sencillo decirlo que hacerlo, especialmente para alguien que esta constantemente ocupado y lleno de energía.

Meditar toma tiempo y práctica, específicamente, aprender a respirar efectivamente toma tiempo y una gran cantidad de práctica. Cuando comience a enfocarse en su respiración, comenzará a ser consciente de la cantidad de diferentespensamientos que pasan por su mente cada día y a cada momento. No nos damos cuenta de cuantos pensamientos tenemos en mente hasta que intentamos y los desintonizamos. Al principio será difícil no sumergirnos en estos pensamientos, en efecto, al principio es muy duro no dejar su mente divagar por estos pensamientos, pero con el tiempo será capaz de hacerlo con poco esfuerzo.

Aquí es donde entra en juego una gran cantidad de disciplina. Debe disciplinarse a usted mismo y a su mente y recordar que en ese momento sólo está enfocado en la manera en la que está respirando. Si encuentra que su mente continúa divagando, comience de nuevo. Comience de nuevo tantas veces como lo necesite hasta que sea capaz de enfocarse solamente en cómo está respirando. Con el tiempo, esta práctica de respiración permitirá que sus pensamientos perturbadores se disuelvan.

No dominará sus técnicas de respiración en una noche. La respiración, en la meditación, es uno de los primeros escalones de la meditación profunda pero puede ser increíblemente poderosa. Inmediatamente, una vez que seamos capaces de enfocarnos solamente en nuestra respiración y podamos eliminar todos los demás pensamientos de nuestra mente, comenzaremos a encontrar paz interior. Una gran parte de nuestro estrés es creado por nuestros pensamientos y miedos.Cuando nos encontramos enfocados en estos pensamientos y meditamos, enfocarnos en nuestra respiración y dejar ir esos miedos se vuelve sencillo y comenzamos a ganar más control sobre lo que va y viene por nuestra mente.

Encontrar una cantidad significativa de profunda satisfacción y felicidad puede ser logrado simplemente haciendo diez minutos de respiración profunda con la meditación todos los días. Cuando meditamos y nos enfocamos en nuestra respiración tendemos a sentirnos más calmados y relajados. Soltarnos de tensores innecesarios a través de la respiración en la meditación fomenta una mente libre y abierta que no está dispuesta dejar entrar la negatividad. Los problemas de salud frecuentemente son causados y/o detonados por el estrés. Saber que estos problemas pueden ser evitados o eliminados a través de la meditación podría ser un gran incentivo para que la gente se enfoque en sus habilidades de meditación.

Cuando esté practicando la respiración profunda,la técnica apropiada a usar es, inhalar por su nariz (el abdomen se expande mientras lo llena de aire), exhalar por su boca (el abdomen se desinfla mientras dejasalir todo el aire). Intente inhalar por cinco segundos y exhalar por cinco segundos. Haga esto por un minuto entero y luego repítalo, esta vez inhalando por diez segundos y exhalando por diez segundos. Observe qué tanto puede inhalar y exhalar sin entrar en pánico y sin perder su ritmode respiración.

La clave es permanecer en calma y asegurarse de que entre la máxima cantidad de aire durante la inhalación para que tenga bastante aire para expulsar una vez que exhale. Una vez que logre inhalar por treinta segundos y exhalar por treinta segundos, es probable que encuentre que se está volviendo muy difícil. Enfóquese en permanecer en calma y en respirar de la manera más eficiente posible y con la práctica pronto estará inhalando por un minuto y exhalando por un minuto, ¡o quizá incluso más!

Capítulo 5: Meditación Transcendental

La meditación transcendental es una forma de meditación común quepuede ser utilizada para tratar distintos tipos de dolencias. Este tipo de meditación se enfoca en evitar pensamientos negativos o perturbadores. Debería aliviar su mente el sólo saber que se puede hacer algo para eliminar y reducir los síntomas asociados a la menopausia.Una manera en la que se puede lidiar con la menopausia es a través de la meditación.

Todos los individuos pueden utilizar este tipo de meditación.Ha tenido una inmensa cantidad de éxito en todas las áreas y tambiénes la forma de meditación más ampliamente investigada hoy en día. Un instructor bien entrenado usualmente enseña este tipo de meditación. Para ser un instructor de meditación, simplemente debe amar su arte y literalmente practicar lo que predica. La práctica es la clave para éste y otros tipos de meditación. Sin la práctica, no será exitoso. Una de las diferencias de este tipo de meditación es el hecho de que se enfoca en el canto de salmos en lugar de sólo en la visualización.

Se enfoca un mantra o una visualización con el fin de disminuir el estrés, eliminar la ansiedad y trabajar en la introspección. Hay una técnica específica relacionada con la meditación transcendental. Lo primero que debe hacer es sentarse con sus ojos cerrados. Luego, se imaginará un mantra por 15-20 minutos.Este tipo de meditación ha sido visto tanto como religioso como no religioso, de cualquier manera se sigue practicando al rededor del mundo.Aprender a realizar este tipo de meditación requiere de la instrucción correcta. Escoger un mantra es una decisión totalmente personal. Hay varios mantras ancestrales que puede escoger, aquí hay una lista:
Si éstos no se adaptan a su gusto, no tema porque puede crear su propio mantra. Quizá tiene una palabra o frase favorita que evoque paz y clama en su mente. Experimente con diferentes mantras,

escoja el que le funcione y repítalo constantemente mientras practique la meditación transcendental.

Un instructor de meditación transcendental debe ser un experto para enseñar la práctica efectivamente. Los costos de estos instructores pueden variar basados en la región en la que se enseñe el método. Para muchos, están dispuestos a pagar lo que sea para conocer las herramientas de este tipo de meditación debido a su aplastante éxito. Hay individuos que han tenido bastante éxito eliminando y disminuyendo sus síntomas de estrés y ansiedad sólo con la práctica de este tipo de meditación. Cuando estamos abrumados por el estrés y la ansiedad, por lo general puede tomarnos toda la vida aprender a sobrellevarlo, o quizá nunca aprendamos a hacerlo. Específicamente, si alguien está enfrentando un momento traumático en su vida como la menopausia, desorden de estrés post-traumático, o ansiedad, por lo general están en búsqueda de una salida.Los individuos comienzan a buscar una solución. Algunas mujeres se encuentran completamente abrumadas cuando comienzan a enfrentar los síntomas de la menopausia pero ¡la meditación es una gran solución para estos síntomas! Más específicamente, la meditación transcendental es una forma increíblemente popular de meditación que se ha distinguido por aliviar los síntomas de la menopausia de las mujeres.

Practicar este tipo de meditación en específico puede eliminar la fatiga y eliminar o reducir los cambios de humor que están frecuentemente vinculados a la menopausia.Esta forma de meditación también es buena ya que no sólo elimina los síntomas iniciales que una mujer pudiera enfrentar, sino que también le proporciona una vida más enriquecida, llena de una inmensa cantidad de alegría, lucidez y energía. Cuando nos sentimos mejor con nosotros mismos por dentro, esto definitivamente nos ayuda también con los síntomas que pudiéramos sentir por fuera.La meditación transcendental ayuda a todos los aspectos asociados a la menopausia. Hay muchas otras áreas y dolencias que pueden ser tratadas con este tipo de meditación en específico. Específicamente los aspectos psicológicos de la menopausia y otras dolencias tales como ansiedad, desorden de estrés post-traumático, y TDAH (Trastorno por déficit de atención con hiperactividad) sólo por nombrar algunos.

Cuando alguien está plagado con el dolor y el estrés del desorden de estrés post-traumático, por lo general es un momento increíblemente difícil en su vida. Enfocarse en el interior es el aspecto más importante de este tipo de meditación.Entrenar su forma de pensar es también un aspecto importante.Específicamente, los niños que sufren de TDAH presentan mucha dificultad para concentrarse. Los niños y adultos por lo general se avergüenzan por su inhabilidad para concentrarse en un tema o asunto.A través del tiempo, con la meditación transcendental, esto se puede eliminar.Cuando practique su concentración, esta aumentará. Prácticas de meditación como esta ayudan a entrenar a su cerebro para que se enfoque solamente en lo que tiene frente a usted.Cuando estamos ocupados, por lo general las cosas nos distraen fácilmente, una persona que sufre de TDAH, frecuentemente se consume por distracciones diarias que están fuera de lo normal.Estas distracciones pueden causar bastante estrés y otras emociones negativas.Con la meditación, usted será capaz de enseñarse a sí mismo a enfocarse y alinearse con sus pensamientos y con lo que sucede en su interior.

Cuando se alcanza este punto, las mujeres comienzan a buscar un nuevo significado a sus vidas, en diferentes áreas.Una manera de descubrirlo es a través de la meditación.La meditación obliga al individuo a buscar profundamente en su interior y encontrar su felicidad.Dicho esto, meditar lo lleva por un viaje a través de su alma.Cuando observa el interior, descubre partes de usted mismo que podrían no haber sido visibles antes. Cuando la meditación es hecha correctamente y dos veces al día tal como lo recomiendan la mayoría de los guías espirituales, encontrará autosuficiencia, encontrará un nuevo "yo" que es diferente de lo que usted solía ser. Cuando sepa quién es realmente usted como individuo, entonces será capaz de forjar relaciones más profundas con los demás. Cuando somos más jóvenes, generalmente estamos tan increíblemente ocupados con nuestras vidas, nuestros hijos, forjar nuestras carreras y cuidar de nuestros familiares que perdemos nuestra propia identidad. Esta identidad por lo general se pierde por nuestros ocupados horarios y la aplastante necesidad de cuidar de los demás antes de cuidar de nosotros mismos. La única manera de realmente encontrarnos a nosotros mismos es buscar en nuestro interior y encontrar nuestra alma.

La meditación transcendental trabaja reduciendo los niveles de ansiedad y disminuyendo el estrés. Cuando el cuerpo aprende a liberarse del estrés, en lugar de aferrarse a él, los demás síntomas relacionados con la menopausia, a la larga, comenzarán a disminuir. Practicar esta forma de meditación durante 20 minutos dos veces al día ayuda a disminuir la hormona del estrés, cortisol.Cuando está meditando, se encuentra en un estado de completarelajación, su cuerpo, mente y alma están completamente relajados y así su cuerpo se acostumbra a esto. Cuando sea capaz de disminuir la excesiva cantidad de estrés que tiene, se elevará su humor y entonces también será capaz de dormir mejor.En cuanto a los sofocos, éstos ocurren cuando su cuerpo alcanza un estado de calentamiento excesivo, estos sofocos pueden aumentar la sudoración, su piel puede enrojecerse y estará increíblemente acalorada. Aunque la causa específica de los sofocos es desconocida, lo que sí sabemos es que aprender a mantener la circulación y la hormona del estrés, el cortisol, a niveles bajos, disminuirá la posibilidad de tener sofocos.

La menopausia puede ser un momento desafiante para muchas mujeres. Es una época de cambios, pero esos cambios también pueden crear nuevas oportunidades y un nuevo punto de vista y perspectiva de la vida. Con la meditación transcendental, aprenderá a lidiar con el estrés y los síntomas relacionados con la menopausia de una manera saludable que le brindará las herramientas para también eliminar en conjunto el estrés diario.

La meditación transcendental es buena para todos los diferentes tipos de dolencias y problemas. Esta meditación es increíblemente efectiva y con la cantidad adecuada de tiempo y paciencia, certeramente encontrará el éxito con esta. Tomarse el tiempo para practicar diariamente puede hacerlo una persona más exitosa. No sólo será capaz de enfocarse, sino que también tendrá menos estrés en general. Una vez que comience a practicar la meditación transcendental, no querrá vivir una vida sin ésta.

Capítulo 6. Las Diferentes Formas de Meditación

Aunque pueda parecer como si sólo hubiese un tipo o forma de meditación, ese simplemente no es el caso. Por ejemplo, una forma de meditación se enfoca específicamente es aumentar las habilidades de concentración.

Concentrarse por lo general es más sencillo decirlo que hacerlo. Es difícil, tanto para niños como para adultos, enfocarse en algunos momentos. Por lo general nos distraemos con otros problemas y asuntos y tenemos dificultad para enfocarnos en asuntos importantes. Tenga en cuenta que durante esta forma de meditación, debe entrenar su mente.

Se debe entrenar a la mente para que se enfoque ya sea en la nada, o en un objeto en específico. El siguiente tipo de meditación es la meditación reflexiva. Esta forma específica de meditación se enfoca en disciplinar la concentración y en las habilidades para pensar. El primer paso con este tipo de meditación es elegir un tema, idea o pregunta y analizarlo por completo.Mientras más practique la meditación reflexiva, menor será la probabilidad de que su mente divague y sentirá más control. Reflexionar sobre cualquier cosa en la vida es necesario. Cuando es capaz de mirar hacia atrás en sus acciones, elecciones y decisiones, puede reflexionar en lo que siente que hizo bien y en aquello en lo que hubiese querido esforzarse más. Las reflexiones, ya sean personales o profesionales, son increíblemente importantes para el éxito.

La auto-reflexión le ayuda a mejorar en sentido general. Cuando reflexiona sobre la vida, sus habilidades de meditación, o cualquier otra cosa, es capaz de corregir áreas que necesitan ser corregidas, así como también de valorarse apropiadamente. Cuando esté meditando y utilice las herramientas de la meditación reflexiva puede pensar en cosas como identificar su verdadero propósito en la vida, puede pensar en quién es como individuo y en diferentes áreas de su vida. Tal vez reflexione en su título profesional o piense en cómo puede ayudar a los demás. En lo que sea que se encuentre reflexionando o pensando, asegúrese de no abrumarse con sus pensamientos. Encuentre una pregunta para enfocarse en ella durante cada sesión.Si se enfoca en demasiadas preguntas, no será capaz de proponer soluciones para los problemas o preguntas que tenga.

La meditación centrada en el corazón o de chakra, es otra forma popular de meditación. Cuando tiene una cantidad abrumadora de miedos o tristeza, la meditación que se enfoca en su corazón puede ser increíblemente poderosa y útil para intentar sobrellevar estos problemas. Este tipo de meditación le ayuda a liberarse de sus tristezas y miedos y dejar entrar nada sino amor, paz y bondad. La meditación del chakradel corazón le ayudará a sanar y a proteger su corazón con el tiempo. El chakra del corazón es increíblemente importante en el mundo de la meditación ya que generalmente este alberga energía negativa. Esta energía negativa por lo general está llena de tristeza y dolor. Cuando medita, esto ayuda a abrir el chakra del corazón y por lo tanto permite que se libere la energía negativa y estoa su vez permite que usted se libere de esos sentimientos dañinos e hirientes. Durante este tipo de meditación, es sabido que es más efectivo cuando piensa en alguien por quien tenga fuertes sentimientos mientras está meditando. Asegúrese de que quien sea en quien piense no le esté causando dolor.Usted querrá enfocarse en alguien positivo para su vida a quien ame y que le importe.Conectar su corazón a esa persona mental y emocionalmente, le ayudará a liberar su corazón de la energía negativa relacionada con los demás.

Conclusión

No pierda otro instante de su tiempo viviendo una vida sin la meditación. Le reto a crear una rutina de meditación, apegarse a ésta y no sentirse como una persona completamente rejuvenecida luego de sólo unos pocos días. No utilizar el arte de la meditación es una completa pérdida de potencial, en mi opinión.La mente es una herramienta poderosa, pero necesitamos estimularla regularmente si queremos que funcione de manera óptima. Sinceramente espero que comience a cosechar los beneficios de la meditación diaria.Espero que haya disfrutado de este libro y le deseo lo mejor es su búsqueda de una vida más pacífica, calmada y plena, llena de momentos fantásticos de meditación profunda.

Honestamente espero que aplique lo que haya aprendido de este libro en su vida diaria. Una cosa es leer acerca de una vida más iluminada, pero es completamente diferente cuando comienza a tomar los pasos necesarios para mejorar su vida.

Parte 2

Introducción

]Te agradezco y te felicito por descargar este libro electrónico.

El cuerpo humano está conformado por el cuerpo físico, el alma y la mente. Es necesario que los tres elementos estén alineados y unidos para llevar una vida pacífica. Sin embargo, la cantidad de estrés, tensión y el esfuerzo físico a los que se ven sometidas las personas, hace imposible que los tres elementos estén unidos.

Dejar que permanezcan desconectados puede provocar que la gente lleve una vida de insatisfacción y, por lo tanto, es necesario hacer uso de una técnica que ayude a conseguir paz mental y llegar a un estado de relajación total. Una gran técnica es la meditación. La meditación es una forma de práctica que es conocida por alinear la mente, el cuerpo y el alma. En este libro se abordan varios de sus aspectos en detalle.

Además, abordamos algunas prácticas meditativas y lo que debes hacer para practicar meditación a diario aparte de los distintos beneficios que puede brindar a nivel mental, físico y emocional.

Antes de ponernos a aprender acerca de las características de la meditación, tal vez es importante sentar las bases para ayudarte a saber qué te puede brindar desde el comienzo. Para empezar, aprenderemos algunas cosas básicas sobre la meditación.

Capítulo 1: ¿Qué es la meditación?

La meditación es una forma de práctica que se dice que es un arte y una ciencia. Es arte porque precisa que el practicante haga uso de su poder de concentración y es una ciencia porque se dice que une la mente, el cuerpo y el alma. En este primer capítulo, veremos de qué se trata la meditación al responder algunas preguntas básicas sobre el tema.

¿Qué es la meditación?

La meditación es una práctica ancestral que se dice que se originó en la India. Los monjes y los gurús harían uso de ella para alcanzar paz mental y prevenir distintas enfermedades físicas y mentales. Luego, la meditación se propagó a China y más adelante a los países europeos. En la actualidad la practican personas de todas las castas, credos y religiones. Principalmente la meditación se trata de sentarse y entrenar la mente para que haga lo que se le indica con el fin de lograr control sobre ella y el cuerpo al mismo tiempo.

¿Cuál es su historia?

La historia de la meditación se remonta al año 1.500 a.E.C donde se hallaron evidencias de gurús hinduistas que practicaban el "Dhyana". Dhyana se refiere a un estado de trance en el que la persona no se concentra en nada más que en controlar la mente con el fin de alcanzar el control de varios órganos del cuerpo.

En el siglo 6 a.E.C. se dice que la práctica llegó a la China taoísta y fue reconocida y adoptada por los budistas. En 1227, los japoneses viajaron a China y se llevaron el arte con ellos a Japón, donde alcanzó gran popularidad. En el[th] siglo 18, esta forma de arte viajó a Europa y luego se expandió a otras partes del mundo. Hoy, la meditación es practicada por miles de personas incluyendo a la gente común y las celebridades.

¿Quién la puede practicar?

Cualquier persona a quien le interese llevar una vida pacífica puede poner en práctica la meditación. No hay ninguna restricción y, al contrario de yoga y esa clase de rutinas, la gente no necesita realizar ejercicios físicos. Desde los más pequeños hasta los más grandes, profesionales en actividad y gente mayor, cualquiera puede practicar meditación en cualquier momento de sus vidas. De hecho, no hay restricciones de edad, género o religión. Personas de cualquier parte del mundo de todas las edades pueden practicarla.

¿Qué ventajas tiene?

La meditación tiene varios beneficios. No solamente ayuda a nivel mental, también a nivel físico y emocional. Los usos que los humanos le pueden dar a la meditación llega a cientos. Desde combatir enfermedades mentales como el estrés y la ansiedad hasta curar o revertir enfermedades físicas como la diabetes y la hipertensión, la meditación es una de las maneras más útiles y confiables de permanecer sanos. Contribuye a aumentar la conciencia sobre uno mismo y funciona al fomentar la felicidad interior.

¿Cuán seguido debería practicarse?

La meditación debería ser un estilo de vida y no una mera herramienta que se use para combatir una enfermedad. La mayoría de las personas comienzan a meditar cuando sienten que necesitan una forma que los ayude con alguna condición; sin embargo, es clave tener en cuenta que se puede empezar a meditar en cualquier momento e incluso sin padecer ninguna condición física o mental. Una vez que alguien comienza a meditar, no desea abandonar.

¿Es realmente útil?

Sí. Es extremadamente útil. Se han llevado a cabo diferentes investigaciones acerca de la forma del arte; se han hallado evidencias sólidas que prueban que la meditación no tendría efectos a corto plazo nada más sino también a largo plazo sobre la mente y el cuerpo de una persona. Al meditar dos veces al día, la gente puede obtener beneficios prolongados y alcanzar un cuerpo fuerte, capaz de lidiar con problemas físicos y mentales.

¿Cuán pronto se pueden ver los resultados?

Los resultados dependen de tu tipo de cuerpo y cuanto esfuerzo le pongas. Si te esfuerzas muy poco y meditas no más de 5 minutos al día, entonces puede ser que los resultados tarden un poco más en llegar. Pero si practicas más de 20 minutos dos veces al día, entonces tus resultados llegarán antes.

¿Es sostenible?

Sí. La meditación es sostenible. Puede ser practicada durante mucho tiempo, de forma ideal toda la vida. Una vez que comienzas, no querrás dejarla y continuarás con el hábito por un período muy largo. En general, las personas empiezan a corta edad y continúan toda la vida.

Mientras que por un lado la meditación es una práctica popular, por el otro, diferentes mitos la perjudican, lo que dificulta el comienzo para los principiantes.

Vamos a confrontar algunos de esos mitos para calmar los ánimos acerca de la práctica de la meditación.

Capítulo 2: Mitos sobre la meditación

Durante los últimos cuarenta años, la meditación ha estado en el centro de la cultura occidental. Los médicos la recomiendan y todos la practican, desde el personal, militares, docentes hasta estudiantes, pasando por científicos, artistas e incluso políticos. Sin embargo, a pesar de la inmensa popularidad, hay ciertas ideas erróneas sobre la práctica que evitan que muchos la prueben y que obtengan los beneficios profundos que tiene para el cuerpo, el espíritu y la mente. A continuación, hay algunos mitos comunes sobre la meditación, derribados.

#La meditación es difícil

Este mito está basado en la percepción que la meditación es una práctica esotérica, reservada para adeptos espirituales, hombres religiosos y santos. La verdad es que, cuando estás bajo la guía de un profesor con conocimientos y experiencia, puede ser divertido y fácil aprender a meditar. Además, las técnicas pueden ser muy simples, como repetir un mantra en silencio o concentrarse en la respiración. Una de las razones principales por las que las personas ven a la meditación como demasiado difícil es porque se esfuerzan en concentrarse por demás. Sumado a eso, no están seguras si lo están haciendo bien o están muy pendientes a los resultados.

#Una práctica de meditación exitosa requiere una mente en silencio

Probablemente es el mito más común que se tienen sobre la meditación y es la razón por la que la gente renuncia debido a la frustración. La meditación no se trata de tratar de vaciar tu mente o detener tus pensamientos. Cualquiera de esos enfoques llevan a aumentar la conversación interna y el estrés. Mientras no sea posible controlar o detener tus pensamientos, puedes determinar cuanta atención les quieres prestar. Es imposible obligar a tu mente que se silencie, pero la meditación brinda un interior en silencio en medio de tus pensamientos. Este espacio entre tus pensamientos se conoce a veces como la brecha, que es pura paz, puro silencio y pura conciencia. Durante la meditación, es necesario que uses un objeto para enfocarte, por ejemplo un mantra, una imagen o tu respiración. Esto permite que tu mente se establezca en el flujo silencioso de la conciencia. Cuando experimentes que los pensamientos penetran en tu mente, debido a que forman parte tuya, no necesitas alejarlos o juzgarlos. En vez de eso, vuelve tu atención hacia tu objeto de concentración. Durante cada meditación, hay ciertos momentos en los que tu mente se sumerge en la brecha y es posible experimentar el rejuvenecimiento de pura conciencia, al menos por micro segundos. A medida que continúes meditando, estarás más tiempo en este estado expandido de silencio y conciencia.

Recuerda que incluso si sientes que has estado absorto en tus pensamientos durante la meditación, aun así, estás aprovechando los beneficios asociados a ella. No has desperdiciado tu tiempo ni fallado. Ser conciente de que estás teniendo pensamientos puede ser el pensamiento más importante que hayas tenido hasta ahora, debido a que antes de ese pensamiento, has sido relativamente ignorante de tus pensamientos. Es probable que estuvieras bajo la impresión que fueras tus propios pensamientos. El simple acto de ser conciente de tus pensamientos es un gran avance, ya que comienza a cambiar tu punto de concentración interno de tu ego hacia la observación de la conciencia. A medida que te desprendes de tus historias y pensamientos, te abres a nuevas posibilidades y experimentas mayor paz.

#Alcanzar los beneficios de la meditación lleva años de práctica dedicada

De hecho, los beneficios de la meditación son a largo plazo e inmediatos. Puedes empezar a experimentar algunos benficios durante tu primera práctica meditativa y en los primeros días. Varios estudios científicos han demostrado que la meditación tiene profundos beneficios para la mente y la fisiología corporal después de algunas semanas de práctica.

#La meditación es escapismo

La meditación no apunta a ignorar y escapar de todo, sino a prestar atención y conectarse con tu yo real. Es decir, ese elemento subyacente de ti mismo que supera todas las circunstancias externas y cambiantes de la vida. La meditación es un medio a través del cual te sumerges debajo de la superficie agitada de tu mente, la cual está sobrepasada con las preocupaciones acerca del futuro y pensamientos repetitivos sobre el pasado, hasta alcanzar la pura conciencia. Este sentimiento de conciencia trascendental te permite liberar todas las historias y pensamientos que te han dicho acerca de donde no eres suficiente, lo que te limita y quien eres. Como consecuencia, te das cuenta de la verdad profunda de que tu verdadero yo es ilimitado e infinito.

Mientras sigas practicando, aclaras las ventanas de las dudas y tu precisión se expande. Algunas personas tienden a usar la meditación como un método para escapar y esquivar problemas emocionales no resueltos, pero este enfoque contrarresta la visión de las enseñanzas de conciencia plena y meditación. De hecho, hay varias técnicas específicas de meditación que están diseñadas para liberar, movilizar e identificar emociones tóxicas acumuladas. En caso de que estés enfrentando algún trauma o malestar emocional, se recomienda consultar un terapeuta que te ayude a explorar y hacer frente al dolor del pasado de forma segura, con el fin de regresar a tu estado natural de amor y completud.

#No tienes tiempo suficiente para meditar

Te sorprendería saber que hay ejecutivos ocupados y productivos que nunca se han perdido de una sesión de meditación en los últimos venticinco años. El truco es hacer a la práctica una prioridad y lo conseguirás. Si tu agenda ya parece completa, recuerda que incluso bastarán un par de minutos de meditación. Es aconsejable que no te desalientes solo porque te sientes demasiado cansado o es un poco tarde. De forma paradójica, cuando pasas algo de tiempo meditando de forma regular, en realidad ganas más tiempo. Al meditar, entras y sales del estado de conciencia sin espacio ni tiempo. Un estado de conciencia total de donde proviene todo lo que se manifiesta en el universo. Tu ritmo cardíaco y frecuencia respiratoria disminuyen, tu tensión arterial baja y tu cuerpo limita la segregación de hormonas del estrés, así como otros químicos que aceleran el proceso de envejecimiento. La meditación te deja en un estado de alerta pacífico, que es extremadamente rejuvenecedor para tu mente y cuerpo. Cuando te apegas a tu ritual de meditación, te hallarás alcanzando más cosas al hacer menos. En vez de sacrificar tanto tiempo en alcanzar tus metas, dedícate unos minutos a estar "en el flujo", en armonía con la inteligencia universal que coordina todo.

#La meditación requiere creencias religiosas o espirituales

La meditación puede llevarte más allá de la conversación ruidosa de tu mente hacia el silencio y la quietud. No necesitas tener una creencia espiritual específica. A esta práctica se suman personas que practican diferentes religiones sin que haya conflictos con sus creeencias religiosas. De hecho, algunos practicantes son agnósticos o ateos, es decir que no tienen una creencia religiosa específica. Llevan a cabo la meditación como una herramienta para experimentar una calma interna, así como obtener varios de sus beneficios en la salud mental y física asociados a la práctica, tales como el sueño relajado, la reducción del estrés y de la tensión arterial. Meditar ayuda a que la gente enriquezca su vida. Contribuye a que disfrutes de lo que sea que hagas en tu vida de una manera más feliz y satisfactoria, ya sea avanzar en tu carrera, cuidar a tus hijos o practicar deportes.

#Necesitas experimentar eventos trascendentes en tu meditación

Es común que la gente se desaliente cuando no experimentan iluminación, escuchan un coro de ángeles, levitan, ven colores o tienen visiones al meditar. Aunque es posible tener una variedad de experiencias maravillosas durante la meditación, incluyendo sentimientos de unidad y dicha, no es la idea detrás de la práctica. Los beneficios reales son los que experimentas en tu vida diaria. Cuando sales de la meditación, te llevas algo de silencio y quietud de tu práctica, lo que te permite ser más amoroso, centrado, compasivo y creativo para ti mismo y para todos con quienes te encuentres.

Al embarcarte en tu viaje hacia la meditación, las siguientes pautas pueden servirte en el camino:

*No tengas expectativas. Hay momentos en los que tu mente estará demasiado activa para calmarse. En algunos casos, se tranquiliza de forma casi instantánea. Otras veces, se calma sin que lo notes. Todo es posible.

*Sé amable contigo mismo. La meditación no se trata de hacerlo bien o mal. La idea es permitir que tu mente descubra su verdadera naturaleza.

*No sigas con técnicas de meditación que no contribuyan a tu silencio interior. Busca una técnica que tenga un efecto en ti. Hay varias clases de mantras de meditación que puedes usar, o simplemente sigue el flujo de tu respiración sin prestar atención a tus pensamientos. Tu mente quiere descubrir su fuente en paz. Suelta todo para darle una oportunidad.

*Asegúrate de encontrar un lugar tranquilo donde estés solo para meditar Desconecta tu teléfono para asegurarte de que no habrá interrupciones.

¿Cuáles son los beneficios que se obtienen al meditar de forma regular? Abordaremos ese aspecto en el siguiente capítulo.

Capítulo 3: La meditación y sus beneficios

En los capítulos anteriores, vimos de qué se trata la meditación y varios de sus aspectos. En este capítulo, veremos por qué es importante meditar y qué puede hacer por ti, al destacar sus benficios.

La meditación es una práctica que tiene muchos beneficios a nivel mental, físico y emocional.

Beneficios mentales

La meditación es de forma ideal un ejercicio cerebral, lo que significa que tiene un efecto profundo en la actividad de las ondas cerebrales. Por ejemplo, repercute sobre las siguientes áreas del cerebro:

El tálamo: esta área del cerebro es responsable de los sentidos, ya que es capaz de concentrar tu atención e información sensorial en lo profundo de tu cerebro e incluso detener otras señales. Con la meditación, puedes minimizar el flujo de esta información, lo que facilita que te concentres y que tengas distracciones mínimas de los sentidos.

El lóbulo parietal: esta área del cerebro se encarga de procesar información de los sentidos acerca de lo que nos rodea y al final te ubica en espacio y tiempo. Al practicar meditación, disminuyes la actividad del lóbulo parietal.

Formación reticular: esta área del cerebro se encarga de custodiarlo y es capaz de recibir el estímulo externo y manter al cerebro alerta y listo para actuar. Al meditar, disminuyes el flujo de estímulo de forma que no es necesario que estés en alerta por demás a estímulos externos.

El lóbulo frontal: esta parte de tu cerebro es responsable de las emociones, planificación, conciencia de sí mismo y razonamiento. Cuando meditas, es como si apagaras esta área.

Con las pautas anteriores acerca de las diferentes partes que se ven afectadas al meditar, vamos a puntualizar los beneficios específicos.

1. Ayuda a lidiar con el estrés diario

La práctica de la meditación incluye responsabilizarse de tu propio estado mental, así como entrenarte a ti mismo para cambiar la forma de respuesta ante experiencias difíciles con el fin de alcanzar resultados que favorezcan más la felicidad y el bienestar. En la meditación, cultivas conciencia o la aptitud de la conciencia plena. La conciencia plena mejora tu conciencia acerca de los patrones que son resultado de tus emociones y pensamientos. Por ejemplo, puedes tener más conciencia acerca de cómo tiendes a exagerar cosas, sumando así más problemas. Puedes ser más consciente acerca de cómo te involucras en pensamientos ansiosos. Un pensamiento neutral que involucra algo que tienes que hacer se convierte en preocuparte acerca del resultado de no hacerlo. Tan pronto como seas conciente de la charla interior, estarás en una mejor posición para lidiar con esos pensamientos de forma efectiva. La conciencia viene con opciones. Al percatarte de un patrón de comportamiento, puedes decidir actuar de otra forma. Por otro lado, sin conciencia no hay opción.

Además, la meditación puede aumentar tu conciencia de cómo hacer elecciones apropiadas que den resultados que propicien la felicidad y el bienestar. Cuando practicas técnicas de relajación todos los días, aprendes a liberar estados emocionales dañinos que provocan tensiones físicas. Hay una gran sensación de relajación corporal asociada a la meditación.

Aquí hay algunas ideas acerca de cómo practicar meditación para combatir el estrés:

✓ *Respiración centrada*

Detente, varias veces en el día, ponte en una posición cómoda y toma aire de forma profunda y lenta hasta tu abdomen durante 2 o 3 minutos. Si tu mente empieza a divagar, vuelve tu concentración hacia tu respiración. Se ha comprobado que la respiración lenta y profunda sirve a la relajación. Sumado a eso, concentrarte en tu abdomen tiene un efecto relajante y que ayuda a centrarse. Soltar en la exhalación puede ser muy productivo. Hay un ciclo automático de relajación que ocurre cada vez que exhalas. Cuando prestas atención a este ciclo de relajación, tu cuerpo se relaja de forma más profunda, lo que a la vez causa un efecto tranquilizador en tu mente y emociones.

✓ *Disparadores de conciencia plena*
Establece tu propio disparador de conciencia plena que te recordará que te relajes. Esto puede ser una acción, por ejemplo, cerrar tu agenda o colgar el teléfono. Cada vez que hagas esta acción, inahala de forma profunda y exhala, observando cómo se relajan tus músculos. Notarás que la tensión te atrapa de nuevo, pero cuando practiques este ejercicio te sentirás mejor al liberar la tensión física.

✓ *Conciencia periférica*
Cúrvate unos minutos para realizar la técnica de conciencia periférica. En esta técnica concentra la mirada en un punto imaginario en la pared que tengas delante. Mientras mantienes tu concentración en ese punto en particular, comienza a tomar conciencia acerca de tu campo visual

periférico. A medida que aumentas tu conciencia de la visión periférica, notarás que tu cuerpo se relaja, tu mente se vuelve más silenciosa e incluso tienes algunas sensaciones en tus pies o manos.

✓ *Proyecta una esfera de protección*

Ilumina una burbuja protectora, imagina que hay una especie de campo de fuerza que rodea y protege tu cuerpo, crea un espacio tranquilo que no puede ser invadido por eventos externos. Esto no significa necesariamente que haya una burbuja de verdad que te envuelva, pero tu mente inconsciente no tiene la habilidad para distinguir entre la realidad y la imaginación, así que te sentirás protegido de todas formas.

2. La meditación ayuda a mejorar la memoria

La práctica regular de meditación se ha vinculado a la mejora de la recuperación de la memoria. Uno de los estudios que comprobó eso involucró a gente que participaba en la meditación de conciencia plena mediante su habilidad para controlar las ondas cerebrales que forman parte del proceso de análisis de distracciones, lo cual también fue analizado. Con meditación regular, resultó en una mayor productividad entre el grupo que meditaba en comparación al grupo que no lo hacía. Además contaban con una habilidad aumentada para superar e ignorar las distracciones, esto resulta en una mayor habilidad para incorporar y recordar hechos nuevos mucho más rápido.

3. La meditación aumenta la compasión

Se ha comprobado que aquellos que meditan de forma regular tienen mayor compasión y empatía que aquellos que no lo hacen. En un estudio que se llevó a cabo para mostrar cómo responde la gente a la meditación, se le mostraron a los participantes imágenes de personas en situaciones malas, neutrales o buenas con el fin de medir su compasión después de la sesión de meditación. Quienes meditaron mostraron una habilidad mayor para enfocar su concentración e incluso disminuir sus distintas reacciones emocionales hacia las imágenes aun cuando no estuvieran meditando. Sumado a ello, quienes meditaron demostraron un mayor grado de compasión por los demás, sobre todo cuando veían imágenes perturbadoras. Ahora te puedes preguntar: ¿por qué la gente tiene una compasión mayor después de la meditación? La respuesta es bastante simple, la amígdala es responsable de eso. Cuando meditas, la amígdala, la parte del cerebro encargada del estímulo emocional, ha disminuido la actividad y es muy receptiva cuando miras imágenes de otras personas.

Por otro lado, un estudio demostró que quienes meditan experimentan un mayor grado del nivel de activación en la parte del cerebro vinculada a la empatía. De hecho, en las personas que meditan las coyunturas de los lóbulos parietal y temporal experimentan una activación mayor cuando escuchan sonidos de personas que están sufriendo comparado a quienes no meditan.

La meditación puede ayudarte a construir

un punto de vista fresco, hermoso y delicado de la vida.

Cuando meditas, tu cerebro se renueva de forma constante. A la vez puede mejorar tu punto de vista sobre la vida y lograr una vida feliz y completa.

4. La meditación puede ayudarte a mejorar tu creatividad

Con la meditación, puedes dejar de aceptar las cosas como son y, en su lugar, desarrollar una perspectiva a través de la cual harás preguntas acerca de varios aspectos de la vida. A la vez, puede permitirte ser mucho más imaginativo en tu conciencia y en todos los aspectos de tu vida.

5. La meditación puede ayudarte a ganar claridad mental

Al tener la habilidad para aquietar y "controlar" tus pensamientos de alguna forma, puedes estar seguro de poder lidiar con muchas de las complicaciones de salud que la gente sufre tales como estrés, depresión, ansiedad, tensión y mucho más. Todo esto puede mejorar tu vida de gran manera.

6. La meditación puede ayudarte a relajarte

Si te estás sintiendo exhausto a nivel emocional, practicar meditación puede ser la solución que has estado buscando. La meditación funciona como un método de limpieza del alma, ya que ayuda a nutrirte desde adentro para alcanzar un estado de calma, lo que contribuye a sentirte tranquilo y en completa armonía.

7. La meditación puede darte el espacio para la transformación personal

Una de las mejores maneras de aprender sobre ti mismo es meditar. Esto es debido a que la meditación te ayuda a estar en contacto con tu yo interno, lo que puede hacer tu vida más fácil y llevadera.

Beneficios de la meditación para el cuerpo

1. Mejora del sistema inmunológico

La meditación te ayuda a llenar tus células con más energía, sobre todo con ejercicios de respiración profunda que es probable que emplees en tus rutinas de meditación diarias. Al inhalar más oxígeno, el sistema inmunológico de tu cuerpo mejora.

2. Reducción de la presión arterial

La relajación profunda, que es común a menudo en las prácticas meditativas, puede contribuir a disminuir la presión arterial y la frecuencia respiratoria, todo eso resulta en la disminución de la presión arterial. Como consecuencia, puedes estar seguro de superar problemas como la hipertensión.

3. Puede ayudarte a combatir el insomnio

La gran paz interior, la cual es una de las cosas comunes que alcanzarás, es una excelente forma de inducir el sueño. Mediante la meditación, puedes conseguir una mayor habilidad para enfocarte y disminuir las distracciones. Una vez que estés bien relajado, puedes estar seguro de conciliar un sueño de calidad sin esfuerzo. El hecho de que la meditación te ayuda a combatir el estrés, la ansiedad y otras complicaciones de salud la convierte en una buena herramienta para lidiar con el insomnio.

Otros beneficios de la meditación incluye:
- ✓ Superar malos hábitos.
- ✓ Perder peso.
- ✓ Ralentizar el proceso de envejecimiento.
- ✓ Incrementar la fertilidad.
- ✓ Sanar inflamaciones.
- ✓ Superar la codependencia.
- ✓ Construir confianza y auto estima, etc.
- ✓ Incrementar la productividad(al permitirte enfocarte)

¿Estás entusiasmado por empezar a experimentar algunos de los beneficios? Si lo estás, el resto del libro se enfocará de forma total en cómo meditar para ayudarte a que obtengas todos los beneficios que abordamos más arriba.

Capítulo 4: Empezamos

Preparándose para meditar

Como cualquier viaje en el que vale la pena aventurarse, es importante que te prepares a ti mismo para tu práctica de meditación si de verdad deseas obtener los mayores beneficios posibles de tu sesión. ¿Cómo lo haces?

Nota: No siempre es necesario que te prepares para todas las rutinas de meditación. Por ejemplo, no precisas en realidad muchas preparaciones para técnicas de meditación como caminar meditando.

Decide cuándo quieres meditar

Tiene como objetivo que te prepares a nivel psicológico para la sesión de meditación.

Organiza un espacio donde meditarás

Este espacio debería brindarte paz, inspiración y calma. Es mejor reservar un espacio en tu hogar u oficina que solamente lo uses para meditar, en vez de usarlo para varias cosas. Si tienes algo que crees que puede ayudarte a enfocarte, puedes hacer eso. Puedes usar la imagen de un santo, un crucifijo, un paisaje, etc., la elección es tuya. La idea es que tengas algo que te ayude a recordar la verdad y el amor que estás atesorando. También puedes emplear algunas velas para iluminar el lugar con el fin de crear el ambiente deseado en la zona de meditación.

Nota: Preparar un área especial donde meditarás puede constituirse en una parte esencial para que las sesiones de meditación sean más exitosas. Aquí hay algunas indicaciones acerca de cómo organizar este espacio de meditación:

✓ Asegúrate de que la habitación esté libre de distracciones: las distracciones pueden hacerte difícil entrar en un estado meditativo. No esperes sumergirte en la meditación cuando lo ordenes al primer intento, en especial en un ambiente ruidoso. Requiere práctica llegar allí.

✓ Asegúrate de que te sientas cómodo en el área o la habitación: no elijas una habitación que provoque pensamientos depresivos. Además, debería tener una iluminación atractiva y alejada de donde la gente transite de forma regular para evitar distracciones. Asegúrate de que este lugar no tenga desorden.

✓ Agrega algún aroma al espacio de meditación: el olor influye mucho para ayudarte a relajarte y sentirte en paz. No evites perfumar con algún aroma la zona de meditación para una relajación óptima, ya que ayuda a que tus sentidos se activen. Puedes usar aceites escenciales, velas o quemar incienso.

✓ Trae algo de la naturaleza a tu área de meditación: si tu espacio preferido para meditar es al aire libre, siéntete libre de agregar algún toque de naturaleza al mismo. Puedes emplear algunas piedras para meditar con el fin de darle a tus sesiones algo de vida, equilibrio y energía.

✓ Diseña el espacio para que sea un reflejo de ti mismo: puedes hacerlo agregando algo tranquilizador y atractivo como cristales, llamadores de ángeles, Buda, piedras de la afirmación, perlas, etc. La idea es aportar serenidad.

✓ Suma una combinación musical:

aunque no es obligatorio que uses música, puede ser muy útil para mejorar tu habilidad para ingresar a un estado de meditación. Profundicemos un poco más al respecto:

✓ Hay estudios que comprueban que es mejor elegir música que tenga la cantidad correcta de golpes por minuto con el fin de alterar las ondas cerebrales para la meditación. En este caso, deberías apuntar a 40-60 BPM. Sin embargo, deberías experimentar con diferentes golpes por minuto para encontrar cuál funciona para ti porque algunos golpes por minuto pueden distraer. Puedes intentar escuchar ruido blanco, el cual es la clase de ruido que hay cuando enciendes la televisión o la radio (estático). Puedes escuchar el sonido de un ventilador prendido o el sonido del agua del grifo. Mientras escuches el ruido blanco, intenta no enfocarte en ningún patrón ni tratar de descifrar qué está pasando. La idea es permanecer quieto y solamente escuchar mientras tienes los ojos cerrados y dejar que el ruido llene todo el lugar y que reemplace a la mente por completo.

Prepara tu cuerpo para la meditación

✓　Para asegurarse de que tus sesiones de meditación produzcan los efectos deseados, asegúrate de que tu cuerpo esté limpio y sin olor antes de empezar a meditar.

✓　Asegúrate de usar ropa cómoda y cepillarse los dientes. Si no tienes mucho tiempo, intenta lavarte la cara y las manos. A pesar de que asearse no es esencial, tiene un significado simbólico, ya que te hace sentir limpio al comenzar a meditar. Como consecuencia, esto te pone de buen ánimo y con una mentalidad positiva mientras te preparas para meditar. El acto de bañarse también es relajante porque disminuye la tensión muscular, por lo que terminas sintiéndote relajado y calmado a nivel mental.

✓　Haz algo de estiramientos y ejercicio: al hacer esto, presta especial atención al cuello y los hombros, debido a que en estas zonas es posible que haya tensión acumulada. Deberías apuntar a realizar estiramientos que expandan tus caderas y te faciliten estar sentado durante períodos más largos. Sería recomendable que trabajes con un doctor o tu terapeuta corporal que te ayude a desarrollar una rutina de ejercicios que se enfoquen en esas áreas.

✓ Toma un tiempo libre antes de meditar: trata de realizar alguna actividad relajante que disfrutes, que no requiera mucho esfuerzo mental. Puedes optar por leer un libro, dibujar un rompecabezas, ir a caminar o escuchar música de meditación que te ayude a relajarte.

✓ Asegúrate de no comer nada una hora antes de meditar: si tienes que comer, asegúrate de que sea una comida liviana. Consumir alimentos pesados puede hacerte sentir atontado e incluso puedes experimentar incomodidad al sentarte. Eso no es lo que quieres cuando meditas.

✓ Asegúrate de evitar estimulantes antes de tu sesión de meditación: en este caso los estimulantes incluyen bebidas con cafeína, como café, té, etc.

✓ Asegúrate que sientas una

temperatura confortable en tu cuerpo(no muy alta) al meditar.

Di no a las excusas

A pesar de que la meditación tiene un amplio abanico de beneficios, muchos de nosotros no meditamos. Esto no es porque no conozcamos los beneficios que obtendríamos de la meditación sino porque no tenemos la motivación para hacerlo. Veamos algunas de las excusas que ponemos para no meditar:

*No tenemos tiempo

Es muy común para nosotros creer que no tenemos tiempo para meditar. Pareciera como si fuera imposible dedicar 5 minutos a la meditación. Pero, ¿alguna vez pensaste cuánto tiempo desperdicias en hacer actividades inútiles o que no te suman nada? Es probable que pasemos 30 minutos procrastinando e invirtiendo el tiempo en actividades innecesarias. El motivo que podría dar para explicar nuestra falencia para meditar tiene que ver con el hecho de que concebimos al tiempo de meditación como tiempo perdido. Pero si pudiéramos cambiar nuestra percepción acerca de lo que se trata la meditación, podríamos dedicarle tiempo así como lo hacemos para desayunar, almorzar y cenar. Eso sería de gran ayuda para permitirnos meditar. Al hacerlo, puedes estar seguro de que ahorrarás mucho más tiempo del que pasarás meditando. Por caso, mediante la meditación puedes mejorar tu enfoque y concentración, lo que te ayudará a pasar menos tiempo preocupándote y procrastinando. Puedes pensar acerca del tiempo que pasas meditando como una inversión, ya que te ayuda a ahorrar más tiempo de alguna forma.

*No sé cómo meditar

La meditación es una práctica que toma tiempo dominar. Hay que decir que la meditación no se relaciona con la perfección o una única forma de practicarla. No deberías esperar sentirte de una forma determinada. Cada uno experimenta la meditación de manera distinta. Todo lo que tienes que hacer es sentarte o acostarte, hacer algunas inspiraciones y luego exhalar varias veces. Concéntrate en la respiración mientras tienes los ojos cerrados, etc. En pocas palabras, meditar es bastante sencillo y no necesitas ninguna habilidad especial para practicarla. Pero a medida que avances, necesitarás sumar mantras y posturas con las manos, llamadas mudras, para mejorar la efectividad de tus sesiones.

*No concibo apagar o aquietar mi mente

Mientras que por un lado nuestras mentes tienden a ser hiperactivas y estar llenas de pensamientos varios, donde quieres chequear la hora, pararte un momento y hacer varias cosas, lo cierto es que no necesitas preocuparte al respecto. Cuanto más te preocupas, más difícil se hace enfocarse. Todo lo que necesitas hacer es desafiar y silenciar tu ego. Debido a que la mente está llena de varios pensamientos, deberías esperar pasar entre 2 y 5 minutos meditando al principio. Cuando notes que tu mente divague, registra la distracción y vuelve a enfocar tu mente. Esto no significa que no experimentarás momentos en los que tu mente divague.

Hallar la postura correcta

Encontrar la postura correcta para meditar puede conllevar instancias de prueba y error. Normalmente, tienes que atravesar períodos de incomodidad antes de aprender cómo sentarte de una forma cómoda. Sin embargo, la importancia de la postura va más allá de encontrar una manera cómoda de sentarse. Esto es debido a que la manera en la que posiciones tu cuerpo tiene un efecto importante en los estados mental y físico que experimentes. Incluso algo tan sencillo como la posición de tu mentón puede influir tu nivel de pensamiento. Por el otro lado, si tu asiento está en un ángulo incorrecto puede interferir con tu respiración, lo que puede provocar sensaciones de depresión y cansancio.

Esta sección abordará cómo usar tu cuerpo de forma productiva durante la meditación para relajarte y, al mismo tiempo, estar alerta. A pesar de que estar alerta y relajado pueden parecer polos opuestos, en realidad es posible que coexistan en la meditación y es típico en un estado de conciencia plena.

Aquí aprenderás cómo establecer tu postura desde cero, incluyendo algunos consejos para solucionar problemas comunes, el ángulo de tu cabeza, la importancia de apoyar tus manos y en qué sentarse. De hecho, aprender a sentarse de forma efectiva es lo primero que deberías saber para meditar.

Es necesario recordar dos principios clave para establecer una postura apropiada para tu meditación:

*Tu postura debería permitirte estar conciente y alerta.

*Tu postura debería permitirte estar cómodo y relajado.

Esos dos elementos son clave. Estar incómodo puede dificultar la meditación debido al malestar. Por otro lado, la imposibilidad para relajarse puede evitar que disfrutes de la meditación, así como de la liberación de las causas emocionales subyacentes que causan la tensión física.

Con este fin, se podría sostener que

meditar acostado es la mejor opción. Sin embargo, esto puede confundir tu mente e incluso hacer que te quedes dormido. Sentarse es la mejor manera de combinar conciencia y relajación de forma efectiva. No tienes que sentarte en el suelo o con las piernas cruzadas en posición de loto. Hay varias maneras de sentarse para meditar, entre ellas: sentarse entre almohadones, usar sillas, o un banco. También hay posturas para sentarse con las piernas cruzadas, desde la postura de loto completo hasta la simple posición de sastre. Todo lo anterior se resume en 3 posturas:

✓ Sentarse con las piernas cruzadas.

✓ Sentarse en una banqueta o sobre un almohadón

✓ Sentarse en una silla.

Todas las opciones son efectivas siempre que encuentres la que te parezca más comoda.

No es posible enfatizar más la importancia de hallar la postura correcta. La incomodidad será una distracción para tu meditación y es una señal que algo en tu cuerpo está mal. A continuación están los elementos a tener en cuenta para establecer una postura cómoda:

*Tu columna debe estar erguida, manteniendo su tendencia natural a estar levemente inclinada. Tu zona lumbar no debería curvarse hacia adelante o estar en una posición demasiado cóncava.

*Tu columna tiene que estar relajada.

*Tus hombros tienen que estar relajados y moverlos en círculos hacia abajo y hacia atrás despacio.

*Deberías tener tus manos apoyadas, ya sea que descansen en tu regazo o en un almohadón, con el fin de tener tus brazos relajados.

*Deberías mantener una posición equilibrada de tu cabeza y recoger tu mentón un poco.

*Tu rostro debe estar relajado, así como tu mandíbula y ojos, tu frente en calma, tu lengua relajada y que apenas toque la zona anterior de los dientes.

Sentarse en una silla

Uno de los errores más comunes que tienden a cometer los principiantes es hacer el intento y contorsionarse en una postura que parece permitir una mayor flexibilidad de la que ellos tienen en realidad. Esto conlleva a meditaciones con distracciones, malestar e incluso a lesiones físicas. Sé amable contigo. Es posible meditar de forma adecuada en una silla de oficina o de un comedor. Lo único que tienes que hacer es elevar las patas traseras de la silla alrededor de un centímetro más o menos. Esto te permitirá sentarte sin apoyar tu espalda en el respaldo de la silla o mantener tu espalda erguida. Puedes usar guías de teléfono o bloques de madera para ello. Es obvio que hay excepciones y la gente con problemas de espalda específicos podría necesitar un apoyo extra del respaldo de la silla.

A continuación, se hallan pautas útiles para dar algo de apoyo a la espalda, así como prevenir malas posturas: siéntate en una silla, inclínate hacia delante de la cintura hacia arriba de forma que tu abdomen esté paralelo a tus muslos. Ahora deslízate hacia atrás para que tu trasero toque el respaldo de la silla. Ponte de pie y te darás cuenta que la base del respaldo de la silla te brinda apoyo a tu columna, ayudándote así a mantener una posición erguida natural.

Puedes apoyar tus manos en tus muslos con las palmas hacia abajo. También puedes colocar un almohadón en tu regazo que te sirva para reposar tus manos si tienes una espalda larga.

Si es posible, apoya la planta de tus pies sobre el suelo. Sin embargo, esto no podría ser viable si tienes piernas muy largas o muy cortas, en relación al tamaño de tu silla. Puedes colocar un libro debajo de tus pies como apoyo si no llegan al piso. Por otro lado, si tus piernas son muy largas deberías buscar otra silla o simplemente colocar una manta doblada o un almohadón bajo el asiento para aumentar un poco tu altura.

¡Algunas sillas de oficina parecen estar hechas para meditar! Solo ajusta el asiento para que se mueva hacia delante levemente y asegúrate de que el respaldo esté en contacto con la parte baja de la espalda. Modifica la altura para que tus pies toquen el piso.

Arrodillarse: usar una almohada o almohadón

Si para ti no es cómodo sentarse con las piernas cruzadas, puedes aprovechar las ventajas de muchas otras posturas de meditación. Siempre existe la opción de sentarse en una silla, aunque la mayoría de la gente prefiere sentarse en el piso, ya que brinda una sensación de mayor conexión que facilita calmar la mente.

Arrodillarse es la segunda opción más popular dentro de las posturas de meditación sentada. La siguen la postura de las piernas cruzadas, apoyar el peso de tu cuerpo sobre un banco de meditación o almohadones.

Es muy importante conseguir buenos almohadones. Deben ser firmes y la mayoría tienden a comprimirse demasiado, lo que no te brinda el apoyo suficiente. La mayoría de los almohadones comunes también se comprimen demasiado. Muchas de las personas que usan almohadones necesitan por lo menos dos, según la altura que se requiera. Solamente necesitas asegurarte de tener la altura adecuada, ya que sentarse demasiado bajo puede hacer que te encorves y provocarte malestar así como impedir que permanezcas consciente.

Por el contrario, sentarse a demasida altura te causará un hundimiento innecesario en tu espalda que puede resultar en una sensación de pinchazo. Sabrás cuando hayas alcanzado la altura correcta cuando tu espalda esté lo suficientemente erguida, sin tener que esforzarse para mantener la posición. Es aconsejable que reposes tus manos frente a ti, ya sea colocando un almohadón extra delante o apoyando tus manos en algún objeto alrededor de tu cintura.

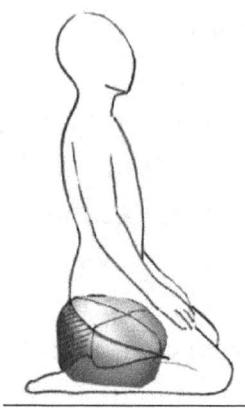

Elementos para sumar a la postura de meditación

También puedes usar una manta para apoyar tus manos. Simplemente envuelve la manta alrededor de tu cintura bien firme, dóblala de forma que brinde una superficie donde apoyar tus manos o introducirlas.

Los bancos para meditación también resultan útiles. Puedes fabricar uno, mandarlo a hacer o comprarlo. Algunos bancos para meditación están diseñados con bordes redondeados en sus patas para ajustarlos según el ángulo adecuado al momento de sentarse. Otros, en cambio, están diseñados con el ángulo predeterminado, perfecto si ya conoces el ángulo y la altura que necesitas para tu banco.

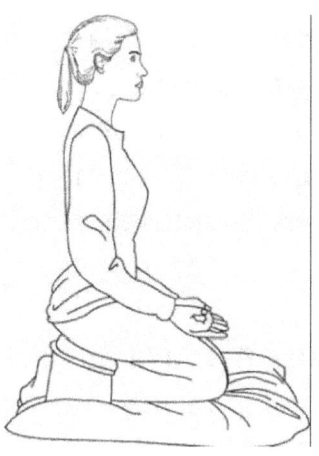

Sentarse con las piernas cruzadas

Meditar con las piernas cruzadas no es para todos. Las buenas noticias son que no es obligatorio sentarse con las piernas cruzadas al meditar. De hecho, obligarte a adoptar una postura incómoda con las piernas cruzadas puede dañar tus articulaciones a largo plazo y no estarás lo suficientemente cómodo para lograr una meditación efectiva. Sin embargo, con la elasticidad suficiente, la postura con las piernas cruzadas puede brindar mayor conexión y estabilidad. Hay varias formas en las que te puedes sentar con las piernas cruzadas.

Posición de sastre

Esta es probablemente la postura con las piernas cruzadas más popular. Mantener ambas rodillas en contacto con el piso es muy importante para darte el apoyo necesario. Tres puntos de contacto (ambas rodillas y tu trasero) te brindará la estabilidadad suficiente.

Siempre puedes ayudarte con alguna tela (una bufanda doblada o un almohadón fino) colocada debajo de tus rodillas para lograr estabilidad si no puedes conseguir que tus rodillas toquen el piso. Considera sentarte sobre almohadones, una banqueta o un banco para meditar si una o ambas rodillas están a más de un centímetro del piso. Hacer un poco de yoga puede facilitar que tus caderas se relajen.

Si notas que tus manos no reposan de forma natural sobre tu regazo, usa una manta o un almohadón donde puedas apoyarlas. Podría ser una buena idea alternar entre tus pies de vez en cuando, debido a que las posturas con las piernas cruzadas tienden a ser un poco asimétricas.

Posturas de medio loto y loto completo
Es necesario que seas muy flexible para realizar estas posturas. Si esta postura se vuelve incómoda o sientes dolor en tus rodillas puedes regresar a las posturas que fueron abordadas más arriba. Presionar a que tus piernas adopten una posición incómoda puede provocar graves problemas.

La postura de loto completo se basa en apoyar los pies en los muslos opuestos con las plantas de los pies orientadas hacia arriba. Se cree que la postura de loto completo es la ideal para meditar, ya que te acerca más al suelo. Por alguna razón te ayuda a sentirte "conectado", además de ser una postura muy simétrica y equilibrada.

La postura de medio loto, por el otro lado, consiste en colocar un pie en el muslo opuesto, con la planta hacia arriba mientras que el otro pie descansa en el suelo, como en la posición de sastre.

Arrodillarse en un banco o sobre almohadones, así como sentarse en una silla son posturas simétricas pero no permiten mucho contacto con el suelo.

Full lotus   Half-lotus

Acostarse

Mencionamos anteriormente que deberías evitar meditar acostado y es un consejo que va en serio. Al hacerlo, aumentan las probabilidades de que te quedes dormido, lo que puede ser agradable pero que a largo plazo no te proporcionará ningún beneficio para tu vida. Hay gente que sufre de problemas de espalda severos donde incluso meditar sentado en una silla no es una opción posible. Si solamente te ves afectado al tratar de meditar, entonces es posible que necesites cambiar tu postura. Puedes aprender a lidiar con el dolor mientras meditas, pero a veces se vuelve insoportable y llega a dominar toda la mente. En algunos casos, el dolor es una manifestación que estás provocando algún daño a tu cuerpo. Por lo tanto podrían existir excusas entendibles para meditar acostado. Puedes hacerlo sobre tu espalda o de costado.

Sobre tu espalda

Si te hallas dentro de la categoría de la gente con problemas severos de espalda, recostarse podría ser tu única opción para meditar. Tu cabeza debería descansar sobre algo firme, pero acolchado. Puedes usar un almohadón fino colocado sobre un libro o un bloque firme de gomaespuma. Para meditaciones cortas alcanza con un libro sin ningún bulto encima. Sin embargo, períodos más largos pueden acarrear dolor en la parte de atrás de tu cabeza. Incluso si tu piso está alfombrado, siempre se aconseja usar alguna clase de elemento acolchado, como una manta doblada, entre tú y la superficie.

La postura semi-supina de la técnica Alexander es la mejor para estar recostado al meditar, consiste en flexionar tus rodillas y que apunten hacia el techo. Apoya la planta de tus pies sobre la superficie y colócalos en la posición aproximada en la que estarían tus rodillas si tuvieras las piernas estiradas. Si sientes que tus piernas colapsan mientras tratas de relajarte, considera mover tus talones un poco hacia afuera sin mover tus dedos. Como ya se dijo antes, acostarse de espaldas al meditar aumenta tus posibilidades de quedarse dormido.

Este riesgo se eleva cuando mantienes el enfoque en tu abdomen mientras te concentras en tu respiración. Al respirar es aconsejable enfocarse en las fosas nasales, la cabeza, la garganta o en la zona superior del torso. Esto no garantiza que no te provoque sueño pero disminuye el riesgo de quedarse dormido.

Acostarse de un lado

Es sorprendente que, a pesar de la cantidad de imágenes de Buda meditando en esta postura, muy pocas personas optan acostarse de un lado para meditar. Esto puede atribuirse al hecho de que Buda pasó a otro plano en esta postura mientras meditaba, por lo que la gente lo asocia más con la muerte que con la meditación.

Aun así, es una postura bastante cómoda para meditar. Aquí hay algunas reglas:

*Acuéstate sobre el lado derecho.

*Consigue algunos almohadones para colocar debajo de todo tu cuerpo.

*Apoya tu brazo izquierdo sobre tu cuerpo.

*Apoya tu codo derecho en el piso.

*Deberías apoyar tu cabeza en la mano.

*Flexiona un poco tus rodillas. Flexiona la rodilla de arriba un poco más que la de abajo para evitar presión innecesaria entre tus rodillas y tus tobillos.

*Coloca otro almohadón bajo la parte superior del torso o la axila derecha para acomodar algo del peso.

*Podrías experimentar cierta incomodidad como resultado de la presión que ejerce la mano sobre la cabeza. Es probable que debas ajustar la posición de tu mano cada cierto tiempo.

*Esta postura no sería la ideal para ti si tienes problemas en el cuello. Sin embargo, es indicada para la mayoría de los problemas de espalda.

De la misma forma que hay buenas posturas que contribuyen a la práctica de meditación, hay malas posturas también. ¿Cuáles son algunas de las malas posturas de las que tienes que estar al tanto y cómo afectan a tu práctica de meditación?

Malas posturas

1. Encorvarse

Es el error más común que tiende a cometer la gente en sus posturas de meditación. Encorvarse te impide estar alerta y mantener tu conciencia durante la meditación. Además, puede generar tensión en los hombros y el cuello. El hecho de encorvarse se debe a tres factores importantes:

*Encorvarse de forma habitual.

*Tener una inclinación inapropiada en tu asiento.

*Sentarse a muy baja altura.

Sentarse muy abajo tiende a inclinar tu pelvis hacia atrás, a la vez tu zona lumbar se desvía hacia atrás lo que obliga a que la zona superior de la espalda se encorve hacia delante para mantener el equilibrio. El problema con encorvarse es que se cierra tu pecho y disminuye tu habilidad para respirar libremente. Esta postura puede causarte aburrimiento y la constricción del pecho podría hacer que te quedes dormido. Sumado a ello, mantener esta postura durante mucho tiempo puede incluso llevar a la depresión.

En algunos casos, el encorvamiento puede estar provocado por un asiento no muy inclinado o plano, incluso si tu asiento tiene la altura correcta. A veces, es simplemente un hábito. Idealmente, deberías tratar de mantenerte erguido. Sin embargo, si te obligas a adoptar una postura erguida después de estar encorvado, podrías terminar con una postura adecuada a simple vista pero los músculos apretados comenzarán a doler bastante en poco tiempo.

2. Arqueamiento

El arqueamiento en la meditación es relativamente raro en comparación al encorvamiento. Normalmente, el arqueamiento se produce cuando te sientas a demasiada altura en la meditación, lo que hace que la pelvis se incline hacia delante. El arqueamiento puede estar causado por:

*Arqueamiento habitual.

*Tener un asiento demasiado inclinado.

*Sentarse a gran altura.

Por supuesto que una curvatura normal y leve en tu zona lumbar está bien pero la exageración puede provocar pinchazos dolorosos en tu espalda baja.

Un asiento con el ángulo demasiado empinado también puede provocar el arqueamiento. En otros casos, también puede deberse a un simple hábito tal como ocurre con el encorvamiento. Puedes solucionar el arqueamiento en general ajustando el ángulo de tu asiento, eligiendo uno más bajo o ajustando el ángulo de tu pelvis.

Altura del asiento

Si quieres evitar tanto el arqueamiento como el encorvamiento al meditar, necesitas estar seguro de que la altura de tu almohadón o banqueta es la adecuada. Pero no hay una única medida al momento de elegir la altura correcta. Tu propia elasticidad y altura impactarán de gran manera en la altura ideal para ti. Contar con una persona experimentada que corrija tu postura y te brinde una devolución puede ser de gran ayuda para hallar la altura apropiada. Puede ser muy difícil determinar desde el interior de uno mismo si necesitas cambiar la postura.

Si notas cierto encorvamiento cuando tratas de relajarte, considera aumentar la inclinación frontal de tu asiento o agregarle peso extra. Si estás usando almohadones, asegúrate de sentarte hacia el borde de los mismos. Sentarse más atrás en los almohadones puede causar que se inclinen hacia atrás, lo que conlleva a encorvarse. Por el otro lado, si notas que te encorvas mientras estás arrodillado sobre los almohadones, considera separar tus rodillas un poco para modificar la inclinación de tu pelvis y corregir una leve curvatura.

Mientras trabajas para obtener algunos de los beneficios de la meditación, es importante que sepas qué debes hacer para obtenerlos todos. Conozcamos qué debes hacer para beneficiarte de la meditación.

Capítulo 5: Técnicas de meditación para la autoconciencia y la relajación

En el capítulo anterior abordamos cómo prepararse para meditar. En este capítulo veremos las distintas maneras en las que puedes practicar la meditación para obtener los beneficios que se mencionaron al principio y mucho más.

Técnicas básicas de meditación

Conciencia plena basado en la respiración

Es una práctica de meditación muy extendida sobre todo entre los budistas. El objetivo del conciencia plena de la respiración es relajarse y enfocar la mente, lo que se denomina samatha (shamatha en sánscrito). Vipashyana es el equivalente sánscrito de la palabra vipassana, ambas significan visión. Tradicionalmente, esta práctica de meditación se conocía como Anapanasati, cuya traducción literal es fijar la atención en la inspiración y la exhalación. En esta clase de práctica usas tu respiración como enfoque, hacia donde regresas tu atención cada vez que te das cuenta que tu mente se distrae.

Esta práctica es efectiva cuando dejas de prestarle atención a los pensamientos que discurren y rediriges tu atención hacia las sensaciones de tu respiración. Al hacer esto, estás empleando menos energía en ciertos estados emocionales tales como resentimiento, antojos, ansiedad e inquietud, que potencian esos pensamientos. Con el paso del tiempo, tu mente se vuelve más relajada y tus estados emocionales más positivos y en equilibrio, así como tu experiencia.

Es importante que te des cuenta que la práctica precisa que notes cuando tu mente se distrae y, de forma consciente, traerla de nuevo a tu respiración. El hecho de que tiendas a distraerte durante el proceso de meditación, no es indicativo de fracaso.

Instrucciones

*El primer paso es adoptar una postura adecuada, asegúrate de que tu espalda esté erguida. Puedes colocar una almohada debajo de tus glúteos para ayudarte a sentarte derecho. La postura de medio loto o loto completo es la ideal para sentarse. De todas formas, siempre puedes sentarte en la postura con las piernas cruzadas si no puedes acomodarte en aquellas.

*A pesar de que ya tengas la espalda erguida, imagina que te jalan de una soga por encima de tu cabeza, la soga va desde el centro de tu cráneo hasta la parte baja de tu columna, formando una línea larga. Sin embargo, tu cuerpo, en especial tus hombros, necesitan mantenerse en una posición natural y muy relajados. Para asegurarte de que tus hombros estén relajados, inspira profundamente y relaja los hombros al exhalar.

*Al sentarse, debes mantener la boca cerrada y respirar únicamente mediante las fosas nasales. También asegúrate de que tu lengua se curve un poco hacia arriba para que toque el paladar. El propósito de esto es evitar que se acumule saliva en tu boca mientras estás sentado y redirigirla de forma natural hacia la garganta.

*Respira normal, sin intentar obligar o controlar tu respiración. Concéntrate en la punta de tu nariz y presta atención al proceso natural de tu respiración. En silencio cuenta tu inhalación y exhalación en tu mente del 1 al 10 y repite el proceso, contando del 1 al 10 otra vez. Practícalo por 20 minutos.

*Cuando inspires y exhales, limítate a concentrarte en la punta de tu nariz. Esto recuerda a los guardias que custodiaban las puertas de las ciudades antiguas. Su trabajo consistía en observar a la gente que entraba y salía de la ciudad, no seguir a quienes ingresaban por las puertas ni a quienes salían de la ciudad.

*Al prestar atención a tu respiración, es normal que te distraigas y que tu mente empiece a divagar sobre algo como un pensamiento sobre el futuro, un recuerdo del pasado o que sueñes despierto. Una vez que descubras que tu mente se distrajo y perdió el enfoque, simplemente redirige el foco hacia contar u observar tu respiración. Evita seguir con lo que estás pensando o molestarse con esa distracción. Cualquier nivel de pensamiento al meditar te impedirá disfrutar del efecto natural refrescante y la habilidad para concentrarse que se asocia con la meditación.

*Comienza por sentarte al menos durante veinte minutos y solamente observa tu respiración. Con el tiempo, de a poco puedes aumentar de cinco a diez minutos hasta que consigas sentarte por una hora. Si tus horarios no te permiten sentarte durante una hora, puedes ajustar el tiempo según tu habilidad pero asegúrate de practicar por veinte minutos, como mínimo.

*En los primeros momentos de tu meditación, notarás que tu mente está llena de pensamientos inútiles. De hecho, es fácil que creas estar en una posición peor ahora que antes de empezar a meditar. Es interesante, pero es una buena señal. Antes de comenzar con la práctica, ignorabas por completo los pensamientos inútiles de tu mente. Ahora estás de forma vívida consciente al respecto. Ten presente que, cuando te estás deshaciendo de estos residuos, no hay revisión ni análisis. Sabes que todo es basura y sencillamente la estás desechando. En el momento en que pensamientos intrusivos se deslizan dentro de tu mente, obsérvalos y vuelve al conocimiento consciente de tu respiración. No tienes que rechazar o aferrarte a cada trozo de residuo en tu mente. Se irá tan pronto como llegó.

*Al tener mayor experiencia en ser más consciente de tu respiración, puedes dejar de contar y solamente prestar atención a tu respiración.

Consejo: Los textos de los antiguos budistas sobre meditación sugieren que la mañana es el mejor horario para meditar, seguida por el horario de la noche justo antes de ir a dormir. En lo posible, puedes practicar meditar dos veces al día en ambos horarios. Sin embargo, si ambos horarios no son prácticos para ti, puedes hallar otro horario para meditar. No te sientes después de comer, ya que tu cuerpo libera mucho calor durante la digestión, lo que no colabora en la meditación.

*Los dos elementos más importantes que

necesitas para desarrollar tu habilidad son perseverancia y paciencia. Las buenas cualidades que obtendrás de la meditación se darán de forma natural sin que lo notes. Se puede comparar con un tallador experimentado, cuyo cuchillo para tallar le permite crear varios objetos atractivos a partir de la madera. Con el tiempo, el mango del cuchillo se adapta perfectamente a su mano, lo que refleja el contorno de la mano hábil. Cada vez que usa el cuchillo, no es consciente de la forma que toma la herramienta. El mango calza de forma natural, por momentos es el complemento perfecto para su mano.

Meditación trascendental

La meditación trascendental es una de las formas más antiguas y extendidas en todo el mundo. Esta técnica es útil para desarrollar una consciencia relajada y ayudar a relajar cuerpo y mente.

Método: Para llevar a cabo esta técnica, elige un rincón silencioso de la casa. Adopta la posición de loto (espalda erguida, manos extendidas y colocadas sobre tus rodillas, piernas dobladas) y cierra los ojos.

Inspira algunas veces de forma profunda y relájate de forma total. Ahora empieza a cantar una palabra como "Aum" o incluso "Om manipadme hum". Puedes crear tu propio canto si lo anterior parece no ayudarte.

Continúa cantando durante 15 o 20 minutos y no abras los ojos ni te distraigas. Hazlo dos veces al día, idealmente una vez temprano a la mañana y otra al atardecer.

Meditación con yoga

La meditación con yoga es la siguiente técnica de meditación más relajante y capaz de calmar los nervios. Se sugiere que el yoga es una rama complementaria de la meditación. En general, se practican los dos juntos.

Método: Para llevar a cabo este tipo de meditación, siéntate con las piernas cruzadas y las manos extendidas. Ahora coloca el pulgar derecho en tu fosa nasal derecha e inspira a través de la fosa izquierda. Mantén por algunos segundos y retira el pulgar. Coloca tu dedo índice en tu fosa izquierda.

Exhala a través de la izquierda y espera 5 segundos. Ahora inhala a través de la derecha de nuevo y espera 5 segundos. Rápidamente destapa la fosa izquierda y cubre la fosa derecha con tu pulgar y exhala.

Repítelo durante 10 minutos.

Hazlo dos veces al día. Puedes hacerlo una vez a la mañana y otra al atardecer o cuando tengas tiempo. Al realizar esta técnica, no solamente obtendrás un gran cuerpo sino que también lograrás una mente pacífica.

Meditar caminando

El siguiente tipo de meditación ofrece doble beneficio. No solamente contribuirá a que tengas una mente en paz, también te ayudará a que ejercites. Esta práctica de meditación tiene más beneficios que los mencionados y al practicarla de manera regular, puedes gozar de todos ellos.

Meditar caminando es mucho más que ir a pasear al parque. De forma ideal, debes ir más despacio que en las caminatas habituales, al mismo tiempo coordinar con prácticas específicas de concentración o con tu respiración. A diferencia de las meditaciones sentadas, meditar caminando requiere que tengas los ojos abiertos, con tu cuerpo erecto y en movimiento. Se asocia con un poco más de interacción con el mundo exterior. Debido a que tu cuerpo está en movimiento, es mucho más fácil permanecer en el momento presente y estar atento a las sensaciones corporales. Es por ello que la mayoría de las personas consideran a la práctica de meditar caminando más sencilla que meditar sentado.

Pautas

A continuación hay algunos factores a tener en cuenta al meditar caminando en cualquiera de sus formas:

Lugar

Antes que nada, podrías ver a esta práctica como algo rara, por lo que es aconsejable que empieces en tu patio. Si decides caminar afuera, busca un lugar apartado sin distracciones ni interrupciones. Evita zonas con mucha gente y muy transitadas. Además, asegúrate de que tus alrededores sean relativamente seguros.

Duración

La duración ideal de tiempo de esta meditación es alrededor de quince minutos. No obstante, como en esta práctica no existe el malestar que se vincula con las meditaciones sentadas, puedes hacerla durante largos períodos.

Ritmo

Lento es lo indicado. Debes mantener un ritmo estable y constante. Si tu mente está agitada o si te es difícil enfocarte, mantén un ritmo lento hasta que consigas permanecer en el presente a cada paso.

Anclaje

Antes de comenzar a meditar caminando, párate durante un minuto o dos, mientras respiras profundamente y te enfocas en tu cuerpo.

*Reparte tu peso en ambos pies mientras estás parado con los pies separados. Date un momento para abrazar la estabilidad del suelo que pisas.

*Respira profundamente.

*Con los ojos cerrados, realiza un escaneo completo de tu cuerpo, partiendo por los pies. Observa cualquier sentimiento, pensamiento o sensación y emplea este momento para reconocer las sensaciones de forma completa.

*Vuelve la atención hacia tu cuerpo, observa la sensación de tu cuerpo mientras estás de pie y toma consciencia de todas las sensaciones que le ocurren.

Técnica

Puedes elegir cualquiera de las 6 técnicas que se desarrollan aquí.

Enfocarse de nuevo

Cuando notes que otros pensamientos te invadan la mente, de forma suave vuelve tu atención hacia tu respiración y caminata.

Actitud

No tienes un punto de llegada ni nada, solamente lograr dominar tu presencia y atención. Simplemente abraza el proceso.

Beneficios de meditar caminando
*Meditar caminando se asocia con una habilidad para enfocarse, lo que puedes incorporar a tu vida diaria.

*Meditar caminando puede ayudar a quienes llevan a cabo largas sesiones de meditaciones sentadas a superar el letargo y el sopor que sigue de forma inevitable. Además, brinda la oportunidad de reabastecer el cuerpo.

*Caminar, además, puede ser revitalizante cuando estás inactivo o cansado. Las sensaciones asociadas a la caminata pueden ser más poderosas que aquellas más triviales que causa la respiración en las meditaciones sentadas. Notarás que caminar en particular es útil después de una larga sesión de meditación sentada, al despertarse o después de comer. Sumado a ello, meditar caminando puede ser muy relajante en momentos de estrés o emociones fuertes. Como bono extra, cuando lo practicas durante mucho tiempo, puede aumentar la resistencia y la fuerza.

*El simple acto de caminar ha demostrado tener varios beneficios para la salud.

Hay varias formas de meditar caminando. Veamos algunas de ellas.

1. Meditar caminando al estilo

Theravada

Meditar caminando es una parte importante del estilo de vida del budismo theravada, así como del entrenamiento. Muchos monjes en los monasterios de Tailandia solían caminar varias horas con el intento de mejorar su concentración, algunas veces llegaban a las 10 o 15 horas diarias. Se aconseja caminar ida y vuelta por un único sendero en vez de caminar libremente para evitar obstáculos físicos que obligarían a tu mente a que los esquive. Se necesita un cierto esfuerzo mental, por ejemplo, para caminar encima de una roca o evitar una silla. En cambio, caminar ida y vuelta ayudará a que tu mente se familiarice con la ruta, de esa forma se elimina el factor de resolución de problemas.

Instrucciones

*Busca un sendero recto, de entre nueve y doce metros de largo.

*Usa un calzado liviano o quédate descalzo.

*Párate erguido, con los ojos que miren un metro y medio frente a ti, sin prestar atención a nada específico. Puede resultarte útil mantener los párpados entrecerrados.

*Al caminar, pon toda tu atención en la planta de los pies, en los sentimientos y sensaciones así como vienen y se van. Experimenta la tensión en tus pies y piernas al levantar la pierna. Observa el movimiento de tu pierna mientras atraviesa el aire. Siente las sensaciones que vas experimentando. Al hacer contacto tu pie con el suelo de nuevo, una nueva sensación surge. Desplaza tu conciencia hacia ese sentimiento, mientras lo experimentas a través de las plantas de tus pies. Otra vez, al levantar el pie, toma nota en tu mente de la sensación que te genera. En cada paso nuevo, experimentarás nuevos sentimientos y perderás las sensaciones anteriores. Deberías observarlo con conciencia plena.

*Camina ida y vuelta por el mismo sendero. Una vez que llegues al final del sendero, detente totalmente, date la vuelta, detente otra vez y retoma la dirección por donde habías venido.

*Corrobora que tu mente se encuentre en las plantas de los pies al principio, la mitad y el final del sendero. Entonces, reestablece la conciencia plena. Cada vez que tu mente divague, vuelve tu atención hacia el pie y la sensación de contacto con la superficie.

*Durante la meditación, tu velocidad podría variar. Intenta observar el ritmo que mantiene la sensación más íntima conectada con la experiencia física.

*Cuando sea que tú sientas que tu mente se esté adentrando en foma más profunda en la tranquilidad y deseas sentarte o quedarte parado para practicar, hazlo.

*Suelta todo y centra tu atención en la experiencia de la caminata.

Desafíos

Si te percatas de que hay pensamientos o emociones fuertes invadiendo tu mente, se aconseja que te detengas y les prestes atención. Puedes retomar la meditación cuando dejen de llamarte la atención.

En algunos casos, tu atención puede desplazarse hacia objetos interesantes o hermosos a tu alrededor. Si se convierte en un obstáculo, deja de caminar y realiza una meditación de la observación. Una vez que termines de mirar, puedes seguir caminando.

En cambio, si te das cuenta de que te sientes adormilado al meditar caminando, puedes necesitar un mantra para activar tu mente, en vez de calmarla con el fin de volverla más enfocada y alerta. Un ejemplo de un mantra excelente es *buddho*, que puedes recitarte una y otra vez. Si tu mente sigue divagando, aumenta la velocidad de la repetición. Otra solución efectiva sería elevar el ritmo de la caminata.

2. Meditar caminando al estilo zen

Esta forma se refiere a kinhin, como lo llaman en Japón. Consiste en caminar de una forma muy particular en la dirección de las agujas del reloj en una habitación. Normalmente, se lleva a cabo entre las meditaciones sentadas.

*Párate derecho y mantén la espalda erguida pero no rígida.

*Experimenta la sensación de tus pies al hacer contacto con el suelo y distribuye tu peso de forma equilibrada.

*Esconde el pulgar de tu mano izquierda, enciérralo con tus dedos. Apóyalo suavemente más arriba de tu ombligo. Rodéala con tu mano derecha, el pulgar derecho que descanse en el espacio entre tu dedo índice y el pulgar izquierdo.

*Tus ojos deberían orientarse hacia abajo entre 1 y 2 metros más allá de ti, descentrados.

*Haz un pequeño paso con cada respiración completa, empezando por tu pie derecho.

*Mantén tu mente y cuerpo en movimiento así como una respiración enfocada y equilibrada. Mantén la atención en tus pasos y la respiración.

3. Meditar caminando al estilo ThichNhatHanh

Cuando practicas meditar caminando, tu destino está en cada momento. El momento presente es tu verdadero hogar. Una vez que te involucras de forma profunda en el momento presente, tus tristezas y arrepentimientos desaparecen, entonces descubres todas las maravillas de la vida. Al inhalar, te dices que has llegado; al exhalar, que estás en casa. Hacer eso contrarresta la dispersión, vives de forma serena en el presente, que es el único momento realmente importante de estar vivo.

Esta forma de meditar caminando es distinta de otras técnicas en que utiliza afirmaciones para alcanzar estados mentales positivos.

*Empieza a caminar lentamente con comodidad y calma.

*Ten conciencia plena de cada movimiento y cada paso. Coloca la atención en el momento presente.

*Repite cualquiera de los siguientes versos mentalmente mientras caminas.

4. Meditar caminando en la conciencia plena (estilo mindfulness)

Es una modificación de la forma convencional de meditar caminando de los budistas, que apunta al movimiento mindfulness ("conciencia plena") moderno. Es una práctica abierta de monitoreo opuesta a la práctica de atención enfocada o de concentración. En pocas palabras, tu atención no está dirigida de forma total hacia la planta de tus pies, sino a las distintas percepciones y sensaciones del momento presente. Las pautas generales incluyen:

*Sé consciente de la experiencia de la caminata e involucra tu consciencia en la misma.

*Presta atención a la sensación de tus pies al hacer contacto con el suelo, el equilibrio constante de tu cuerpo y el movimiento de tus músculos. Observa cualquier área con dolor o rigidez en el cuerpo y relájala de forma consciente.

*Presta atención al espacio donde estás: la temperatura, los ruidos en los alrededores y demás.

*Sé consciente del comienzo, desarrollo y final de tu paso.

*Deja que tu consciencia se desplace por cada una de las partes de tu cuerpo, mientras observas las sensaciones al caminar. Repasa cada una de las partes de tu cuerpo de manera gradual. Que tu atención se dirija a tu cabeza, cuello, brazos, hombros, pecho, espalda, pelvis, caderas, muslos, rodillas, pantorrillas, piel y tobillos.

*Trae tu consciencia a tus estados emocional y mental en el presente. Observa la actitud de tu mente. ¿Está enfocada, nublada, ocupada o tranquila?

5. Meditar caminando con yoga

La mayoría de la meditaciones tradicionales con yoga siempre suelen ser sentadas. No obstante, existe una adaptación que abarca la coordinación de varias clases de pranayama con tu andar. En general es más desafiante comparado a otras formas de meditar caminando, en lo que se refiere a la respiración. Pranayama comprende guiar tu respiración de forma activa, en vez de simplemente observarla como en otras prácticas. Al momento de realizar posturas sentadas, podrías necesitar de experiencia previa en esta clase de ejercicios de respiración para realizarlos de forma cómoda.

Hay varias prácticas poderosas de pranayama, pero antes de que empieces con alguno de los ejercicios que se mencionan a continuación, tómate un momento para calmar tu respiración. Respira profundamente durante unos minutos mientras estás de pie antes de continuar con el procedimiento.

Ejercicio uno:

Este ejercicio consiste en inhalar, retener y exhalar, todo en el mismo período de tiempo.

*Inspira durante cuatro pasos (segundos)

*Aguanta la respiración durante cuatro pasos

*Exhala lentamente durante cuatro pasos

*Mantente sin respirar durante cuatro pasos

Puedes aumentar o disminuir la cantidad de segundos de cada fase, según tu capacidad.

Ejercicio dos:

Es un poco más difícil que el ejercicio anterior, consiste en inhalar, retener y exhalar a un ritmo de 1:4:2 pasos.

*Inspira durante tres pasos.

*Retiene el aire durante doce pasos.
*Exhala lentamente durante seis pasos.

6. Meditar caminando al estilo taoísta

Meditar caminando en la tradición china se enfoca más en la salud física. Hay algunas formas que emplean la visualización para sincronizar la mente y el cuerpo, otras tienen un estilo más libre. Los ejercicios que se explican aquí no están presentados en un orden particular ni son requisitos entre sí.

Ejercicio uno: bola de energía

*Camina de forma normal, pero a un ritmo más lento.

*Inhala durante tres, seis o doce pasos y después exhala durante una cantidad igual de segundos. Repítelo algunas veces mientras estás de pie para acostumbrarte al ritmo.

*Comienza ahora a caminar, sumando la visualización de energía. Al inhalar, siente/visualiza el campo de energía que te envuelve; al exhalar, siente/visualiza el campo de energía que se expande como una bola a tu alrededor.

Ejercicio dos: la fuerza de Dan Tien

Empieza a caminar de forma normal, pero desplaza tu atención hacia tu Dan Tien (centro de energía). Visualiza tu cuerpo siendo expulsado fácilmente desde este centro hacia el frente. Si tienes el hábito de avanzar con tu pelvis, pecho o cabeza hacia delante, este ejercicio será vigorizante y te conectará con la tierra.

Ejercicio tres (caminata marcial)

Existen varias formas de caminar vinculadas a las artes marciales taoístas (Xingy, Bagua, Taiji). Por supuesto, incluyen algún nivel de entrenamiento mental también, pero están más enfocadas en el desarrollo marcial o en tu salud física.

Ejercicio cuatro: (Caminata sin propósitos)

Este ejercicio emplea el concepto de Wu Wei (no hacer) para moverse sin rumbo fijo, sin propósito ni destino, tampoco con esfuerzo mental activo.

*Busca una ruta en un terreno plano afuera donde no te interrumpan los alrededores. Debería ser lo más vacío, quieto, silencioso, apartado y seguro posible con el fin de minimizar las distracciones. También puedes usar un sendero puertas adentro.

*Opta por un sendero que sea recto o circular en su mayor parte para disminuir la necesidad de ajustar la dirección a nivel mental.

*Durante las primeras etapas de tu caminata, presta atención a los alrededores con el fin de tomar nota mental de todo. Luego, ignora los alrededores.

*Usa ropa y calzado cómodo. Lleva lo que necesites para disminuir la verguenza, pero asegúrate de que no sea pesado.

*Mantén un ritmo sin prisas, sin prestar atención a tus alrededores. Regula el ritmo para olvidar tu andar. Quita tu atención del estado meditativo de vez en cuando para ajustar tu caminar cuando sea necesario.

Caminar es bueno para la salud y forma parte de varias tradiciones espirituales para entrenar la mente. En general, la práctica de meditar caminando al estilo ThichNhatHanh y de conciencia plena se consideran como las formas más simples para comenzar. Los estilos zen y theravada son prácticas más enfocadas que pueden contribuir a mejorar la meditación. La meditación con yoga, por otro lado, es más beneficiosa para entrenar la respiración, mientras que las meditaciones taoístas se concentran más en la energía.

Capítulo 6: Meditaciones sentadas

Este tipo de meditaciones se clasifican en dos categorías, según en cómo se concentra la atención: monitoreo abierto y atención enfocada.

Meditación de atención enfocada

Esta clase de meditación consiste en concentrarse en un único objeto durante la práctica. Puede ser un objeto externo, una parte de tu cuerpo, la visualización, un mantra, tu respiración, etcétera. Mientras avanzas, tu habilidad para mantener tu enfoque en el objeto seleccionado se vuelve más fuerte y las distracciones disminuirán y serán cada vez más cortas. De hecho, tanto la estabilidad como la profundidad de tu atención se mejoran. Los ejemplos incluyen: algunas formas de Qigong, Pranayama, meditación mantra, meditación del sonido, meditación Kundalini, meditación chakra, meditación de compasión, algunas formas de Zazen, meditación budista (Samatha) y muchas más.

Meditación de monitoreo abierto

En esta clase de meditación, mantienes tu atención abierta, observando todos los aspectos de tu experiencia sin apego ni juicio, en oposición a concentrarte en un solo objeto. Reconoces todas las percepciones por lo que son, ya sean internas (memoria, sentimientos, pensamientos, etc.) o externas (olor, sonido, etc.). Dicho de otro modo, consiste en monitorear el contenido de tu experiencia de vez en cuando sin reaccionar ni quedarse a vivir en ella. Los ejemplos incluyen algunas formas de meditación taoísta, Vipassana y meditación de conciencia plena (mindfulness).

Presencia sin esfuerzo

Es un estado en el que tu atención reposa en sí misma (estable, vacía, silenciosa e introvertida) en vez de concentrarse en algo específico. También se puede denominar "Puro ser" o "Conciencia sin elección".

En realidad, es la idea que reside detrás de todos los tipos de meditaciones. Todas las técnicas de meditación tradicionales reconocen que el objetivo de enfocarse es entrenar tu mente con el fin de alcanzar estados más profundos y silencio interior sin esfuerzo. En algún momento acabas abandonando el proceso de monitoreo y el objeto de enfoque para quedarte con tu verdadero yo. De hecho, algunas técnicas poseen este foco desde el principio. Los ejemplos incluyen algunos tipos avanzados de Raja Yoga, algunas clases de meditación taoísta, meditación Mahamudra y Dzogchen. La meditación de la indagación del ser de Ramana Maharshi.

Meditación budista

✓ Zazen (meditación Zen)

Zazen es una palabra japonesa que significa "meditar sentado" o "Zen sentado". Se originó en la tradición del budismo zen chino y se remonta al siglo sexto de EC, donde fue practicada por primera vez por el monje indio Bodhidhama. Las formas más conocidas en Occidente comenzaron entre el año 1200 y 1253 con DogenZenji, el pionero del movimiento japonés Soto Zen.

Cómo realizarlo

En general, esta meditación se practica con las piernas cruzadas en el suelo sobre un almohadón o un mat. Tradicionalmente se practicó en la postura de medio loto o loto completo, pero no es necesario seguir con ello. Lo más importante a observar es que mantengas la espalda totalmente erguida, desde el cuello hasta la pelvis. Además, mantén la boca cerrada y baja tus ojos, con la mirada en el suelo, entre 1/2 y 1 metro por delante de ti.

Cuando se trata del aspecto mental, puedes practicarlo de 2 formas:

*Concéntrate en tu respiración. Pon toda tu atención en el movimiento del aire mientras entra y sale a través de tu nariz. Puedes ayudarte contando la respiración mentalmente. Cuenta uno por cada vez que tomas aire, empezando por el diez y yendo hacia atrás. Una vez que hayas contado hasta uno, retoma desde el diez. En caso de que pierdas tu foco y olvides la cuenta, de forma lenta regresa el foco a diez y comienza de nuevo.

*Shikantaza: esta forma no precisa de ningún objeto particular como foco de la meditación. En vez de eso, permanece en el momento presente tanto como sea posible, siendo consciente y reconociendo todo lo que ocurre tanto en tu mente como en los alrededores sin reaccionar a nada. Es una forma de práctica de presencia sin esfuerzo.

Zazen es un estilo bastante sobrio de meditación y hay varias comunidades fuertes que lo practican. En particular esta práctica hace énfasis en mantener la postura correcta con el fin de mejorar la concentración. Es muy popular en los centros budistas zen, donde está acompañada por otros aspectos de la práctica budista: lecturas grupales de las enseñanzas budistas, cantos, algunos rituales y postraciones.

✓ Meditación Vipassana

Vipassana simplemente significa "vista clara" o "visión". Es una práctica budista antigua que se remonta al siglo sexto AEC. Tiene sus raíces en las tradiciones budistas theravada, donde se hizo conocido mediante el movimiento Vipassana y S.N. Goenka.

Cómo realizarlo

Lo ideal es que empieces por sentarte con las piernas cruzadas en el suelo sobre un almohadón, con la columna totalmente recta. Como alternativa, puedes usar una silla sin apoyar la espalda. Para empezar, tienes que establecer la concentración usando la práctica Samatha. En general, para ello se usa la respiración conciente. Desplaza todo tu enfoque hacia el movimiento que produce la respiración de vez en cuando. Observa las sensaciones triviales que se producen cuando tu abdomen sube y baja. Otra forma consiste en concentrarse en la sensación que experimentas cuando el aire atraviesa tus fosas nasales y toca la superficie de tus labios superiores. No obstante, esto es un poco más avanzado y requiere un poco más de práctica.

Durante estés concentrado en tu respiración, observarás que otras sensaciones y percepciones aparecen de forma gradual: emociones, sensaciones en el cuerpo, sonidos, etcétera. Reconoce esas sensaciones como vienen y luego vuelve tu enfoque a la experiencia de la respiración. Asegúrate de mantener la atención en tu respiración mientras dejas esas sensaciones y pensamientos de fondo. El foco principal de tu meditación se denomina como objeto primario. Todos los otros objetos que interfieren en tu campo perceptivo son objetos secundarios, pueden aparecer mediante los 5 sentidos (picazón en el cuerpo, olor, sonido, etc.) o tu mente (sensaciones, memoria, pensamiento, etc.). En caso de que un objeto secundario te distraiga, deberías concentrarte en él durante uno o dos minutos, etiquetándolo con notas mentales como "deseo", "escucha", "memoria" o "pensamiento". La mayoría de las personas llaman a esta práctica "notar". Con una nota mental, se tiende a generalizar un objeto, en vez de concentrarse en los detalles. Por ejemplo, cuando notas un sonido, etiquétalo como "escucha" en lugar de "perro ladrando", "voces" o "motocicleta". Por otro lado, si observas una sensación desagradable, anótala como "sensación" o "dolor" en lugar de "dolor de espalda" o "dolor de rodilla". Después regresa tu enfoque hacia el objeto primario.

Una vez que hayas alcanzado el acceso a la concentración, es necesario que vuelvas tu atención hacia el objeto de tu práctica, el cual a menudo se trata de sensaciones corporales o pensamientos. Observa sin apegar los objetos a tu conciencia, al mismo tiempo permite que los pensamientos y las sensaciones vayan y vengan libremente. El anterior ejercicio de etiquetar mentalmente apunta a prevenir que los pensamientos controlen tu mente. A la vez, te ayuda a darte cuenta de que la sensación observada ingresa mediante las 3 leyes de existencia: anatta (no-yo), dukkha (insatisfacción) y anicca (impermanencia). De esa forma, eres capaz de desarrollar libertad interna, paz y ecuanimidad basadas en esas contribuciones.

✓ Meditación de conciencia plena

La meditación de conciencia plena es una adaptación de las prácticas de meditación budistas convencionales, pero está basado en otros lineamientos, como el budismo zen vietnamita. Básicamente, conciencia plena es una traducción de la palabra budista sati. La conciencia plena de la respiración o anapanasati es una parte de la visión o de la meditación Vipassana, así como otras prácticas de meditación budistas, como zazen.

Cómo realizarlo

La meditación de conciencia plena consiste en prestar atención de forma consciente al momento presente, reconociendo y aceptando las emociones, pensamientos y sensaciones tal como aparecen. Para practicarla, siéntate en una silla o en el suelo sobre un almohadón con la espalda erguida y sin apoyos. Sé consciente del movimiento de tu respiración. Ten consciencia de la respiración cuando inhalas, así como la sensación que se produce. Hazlo cuando exhalas, también. Practícalo durante la meditación, regresa la atención hacia la respiración todo el tiempo. Una alternativa es que puedes colocar tu atención en los sentimientos, pensamientos y sensaciones que surgen.

El propósito es aumentar la conciencia de lo que está ocurriendo en lugar de sumar algo a tu momento presente. Tu mente tiende a distraerse con pensamientos, sensaciones y sonidos. Cuando eso suceda, solo vuelve tu atención hacia la respiración. Estar consciente de la presencia de una sensación o pensamiento es totalmente diferente a estar sumergido en ellos. Es importante que disfrutes de la práctica de meditación. Cuando acabes, serás capaz de notar la diferencia entre la mente y el cuerpo.

Además puedes practicarla durante tus actividades diarias: al hablar, comer y caminar. En el caso de la meditación diaria el objetivo es estar consciente de lo que pasa en el presente, no vivir en piloto automático. Por ejemplo, al hablar necesitar ser consciente de las palabras que salen de tu boca, cómo las pronuncias, así como escuchar con atención y presencia. Por otra parte, al caminar necesitas prestar atención a los movimientos de tu cuerpo, los sonidos a tu alrededor, la sensación de tus pies al tocar el suelo, entre otras cosas. Tu práctica diaria sirve como complemento a la práctica sentada y viceversa. Ambas son igual de importante.

En general, esta es la forma más recomendable para adentrarse en la meditación. Es la forma de meditación más popular en hospitales y escuelas. El movimiento moderno de conciencia plena no pertenece al budismo, pero cuenta con la incorporación de prácticas budistas basadas en sus beneficios para la salud mental y física, así como el bienestar general. Si hay un tipo de meditación que la mayoría de la gente haría durante toda la vida es la de conciencia plena, en especial si solamente buscan obtener los beneficios mentales y físicos de la meditación. En cambio, si estás interesado en un desarrollo espiritual más profundo, esta práctica puede servir como el primer paso, luego puedes pasar a Zazen, Vipassana u otros tipos de meditación.

✓ Meditación del amor benevolente

La meditación del amor benevolente a veces se le llama meditación Metta. Metta simplemente significa buena voluntad, benevolencia y bondad. Se pueden hallar los antedecentes de esta práctica en las tradiciones budistas, en particular las líneas tibetanas y theravada. La eficacia de la meditación de amor benevolente y otra práctica relacionada ha sido demostrada en un campo científico contemporáneo conocida como la meditación de la compasión. Los beneficios comprobados incluyen el avance de emociones positivas, debido a la compasión. Entre esas emociones existen un sentimiento aumentado de propósito en la vida, mayor sentido de competencia sobre la vida, un aumento en la autoaceptación y una actitud más amorosa hacia ti mismo. También eleva tu capacidad de empatía con los demás.

Cómo realizarlo

Siéntate con los ojos cerrados y adopta una postura de meditación. Genera en tu corazón y mente sentimientos de benevolencia y bondad. Desarrolla amor benevolente hacia ti mismo primero y después de forma progresiva hacia otras personas y todos los seres. Se recomienda esta progresión:

*Tú mismo.

*Un amigo cercano.

*Una persona casual.

*Una persona difícil.

*Todas las cuatro anteriores en proporciones iguales.

*Gradualmente hacia todo el universo.

En general, apuntas a desarrollar el sentimiento de desear bienestar y felicidad a todos. Puedes complementar esta práctica con el recitado de ciertas palabras/oraciones que estimulen la sensación de calidez, visualizando el sufrimiento de otros y enviándoles amor. Como alternativa, puedes imaginar el estado de ánimo de alguien más y desearle paz y felicidad. Cuanto más practiques esta clase de meditación, más placentero se volverá.

Si sientes la necesidad de mejorar tus relaciones o notas que eres muy duro contigo o con los demás, entonces la meditación de amor benevolente te será de ayuda. Es útil tanto para personas egocéntricas así como para quienes son abnegados. Ayuda a aumentar tu sensación general de felicidad.Es imposible experimentar cualquier sentimiento negativo, como la depresión, y la benevolencia amorosa al mismo tiempo. Los maestros budistas la recomiendan como antídoto contra problemas de ira, pesadillas e insomnio.

Meditación hindú

✓ Meditación con mantras

Un mantra es una palabra o sílaba, en general sin un significado particular, que repites con el objetivo de enfocar tu mente. Algunos maestros creen que la pronunciación correcta de la palabra elegida es tan importante como la palabra en sí, debido a que la vibración está conectada con el significado y el sonido. Por lo tanto, es esencial realizar una iniciación a la práctica. Por el otro lado, algunas personas creen que el mantra solo sirve para enfocar la mente y que la palabra elegida es completamente irrelevante.

Los mantras son populares en las

tradiciones budistas, hinduistas, así como en el taoísmo, sikhismo y el jainismo. La meditación con mantras a veces se llama meditación Om. Este es uno de los tantos mantras que puedes emplear.

Cómo realizarlo

Al igual que la mayoría de las formas de meditación, en general es necesario que lo practiques con los ojos cerrados y la columna recta, luego repite el mantra en tu cabeza en silencio sin detenerte durante toda la sesión. En algunos casos, puedes complementar la práctica con la coordinación de tu respiración o ser consciente de ella. Algunas personas prefieren susurrar el mantra de forma suave y despacio para aumentar la concentración. Repetir el mantra te lleva a una vibración mental que permite que tu mente ingrese a un estado de consciencia más profunda. Durante la meditación, el mantra se vuelve confuso y abstracto hasta que llegas a un estado de conciencia total donde se originó la vibración. El propósito de repetir el mantra es ayudarte a desconectar de tus pensamientos e ingresar a ellos. Es una herramienta mejorar tu práctica de meditación. Puedes concebir a los mantras como palabras de poder tradicionales con intenciones triviales que te permiten conectar con tu espíritu, donde todo proviene del universo. Algunos de los mantras más conocidos con raíces hinduistas tradicionales incluyen:

*Ham
*Yam
*Rama
*Om manipadme hum
*Om namahshivaya
*So-ham
*Om

La práctica puede consistir en una cantidad predeterminada de repeticiones o durante cierto período de tiempo. Si optas por la primera, necesitarás perlas para llevar la cuenta. Mientras te adentras en la práctica, los mantras continuarán por sí solos. El mantra incluso puede desaparecer por completo hasta dejarte en un estado profundo de paz interior.

Para la mayoría, un mantra es una forma

más fácil de concentrarse que la respiración. Ya que los mantras son palabras y tu mente percibe las palabras como pensamientos, enfocarse en un mantra se convierte en una manera más fácil que la respiración. Puede ser útil cuando tu mente está repleta de pensamientos, debido a que la meditación con mantras requiere atención constante. Además es más fácil incorporar tu estado meditativo a tu vida cotidiana si usas un mantra.

✓ Meditación trascendental

La meditación trascendental es una clase especial de meditación con mantras que introdujo Maharishi Mahesh Yogi en 1955 en la India y en Occidente. Maharishi había alcanzado la fama al ser el gurú de Los Beach Boys, Los Beatles y otras celebridades entre fines del sesenta y principios del setenta.

La meditación trascendental es una clase de meditación muy popular con más de cinco millones de practicantes en el mundo. Además, varios estudios científicos revelaron los beneficios que puedes obtener de la práctica. No obstante, se lo ha criticado a Maharishi, se lo acusó de prácticas de investigación dudosas y conducta asociada a un culto.

La meditación se vuelve cada vez más popular como herramienta para manejar el estrés, pero la experiencia real de trascender es mucho más efectiva que la relajación. El problema es que es reciente el conocimiento que hay acerca de cómo trascender fácilmente. Según textos antiguos, trascender es una experiencia humana poderosa que es esencial para el completo desarrollo del ser humano. En la actualidad aquello se puede confirmar mediante la ciencia moderna, lo que nos permite medir qué ocurre en el cuerpo y en especial el cerebro cuando practicas la meditación trascendental. Alcanzas:

*Desarrollo cerebral holístico: cuantificable al medir las ondas cerebrales con un encefalograma.

*Felicidad interior: puede verse mediante un aumento en las hormonas de la felicidad.

*Un estado profundo de descanso: mucho

más profundo que la relajación normal, tal vez incluso mayor que el sueño.

Descanso profundo

Cuando tu mente trasciende el impulso de pensamiento, alcanza un estado de silencio interno total, lo que ocurre de forma fácil y natural. Es imposible intentar silenciar la mente, pero no es necesario. Usar la técnica adecuada puede hacer que tu mente lo consiga por sí misma. Tu mente y cuerpo van de la mano, se acompañan donde sea que vayan. Una vez que alcanzas un estado profundo de descanso interior, tu cuerpo también llega a una sensación profunda de relajación física. Estudios demostraron que este estado de relajación es más profundo que un descanso con los ojos cerrados o una relajación ordinaria, a menudo más profundo que el descanso que experimentas al dormir.

Es relativamente fácil medir este descanso profundo de manera objetiva. Al practicar esta clase de meditación, la frecuencia respiratoria disminuye de forma excesiva comparada con descansar con los ojos cerrados. Otras medidas de relajación como el lactato en sangre conectado con la hormona del estrés y la conductancia de la capa basal de la piel, revelan disminuciones similares e indican un descanso mucho más profundo que la relajación casual. Este descanso profundo estimula el poder de sanación interna de tu cuerpo. La relajación se iguala con las tensiones relajantes. Tu cuerpo tiene un método natural para eliminar las tensiones que tienden a acumularse. A pesar de que se consigue al dormir, el descanso que experimentas no siempre alcanza para liberarte del estrés más traumático y enraizado. En cambio, trascender brinda un nivel de descanso más profundo que puede eliminar el estrés más enraizado. En algunos casos el resultado puede llegar a ser más impresionante cuando más lo necesitas. Un estudio que se llevó a cabo en los veteranos de la guerra entre Estados Unidos e Irak acerca del efecto de la meditación trascendental reveló una disminución de la depresión y el TEPT después de ocho semanas de práctica.

En búsqueda de la felicidad

El problema con el estrés es que interfiere con el funcionamiento normal del cerebro, lo que lleva a una disminución de la producción de la hormona serotonina, entre otras cosas. Los niveles deficientes de serotonina afectan tu sensación interna de la felicidad y también se asoció con adicciones, desórdenes alimenticios, Alzheimer, ataques de ira, ansiedad, transtornos del sueño, migrañas y muchos otros. Puedes intentar controlar tus niveles de serotonina (por ejemplo, con antidepresivos), pero es más efectivo con los síntomas que con el problema real. En cambio, la experiencia de la meditación trascendental activa la capacidad de sanación de tu propio cuerpo, con el fin de volver tu cerebro a la normalidad. El resultado es un aumento natural de la producción de serotonina durante la meditación trascendental y por último un equilibrio de niveles mayores, inclusive fuera de la meditación. A la vez, mejora todos los aspectos de tu vida.

Desarrollo cerebral medible

Además de beneficiar tu salud, tus relaciones, autoestima y bienestar, la trascendencia alienta el desarrollo cerebral. Es sencillo medir los efectos, por ejemplo con la coherencia observada a través del encefalograma. Cuando tu cerebro está activo se puede emplear un encefalograma para medir la actividad eléctrica, cuyos resultados se presentan en forma de ondas. En la actualidad, es posible analizar 2 de estas ondas mediante la computadora, perteneciente a varias partes de tu cerebro y matemáticamente evaluar hasta qué punto son coherentes o similares. Si descubres una coherencia alta, significa que esas partes de tu cerebro funcionan juntas como una unidad. En términos simples, trascender es un estado de unidad. Esto se puede medir directamente en el cerebro. Cuanta mayor coherencia expresa el encefalograma, mayor es la capacidad de tu cerebro para alcanzar un funcionamiento óptimo. El resultado es el desarrollo de la coherencia del encefalograma más allá de la meditación trascendental. Se ha vinculado al incremento de la coherencia con un aumento en el pensamiento ético, en los reflejos, la estabilidad emocional, la creatividad, el nivel de coeficiente intelectual, etcétera.

¿Cómo puedes aprender a trascender?

La meditación hoy en día es fácil y una actividad que se disfruta. Cualquiera puede aprenderla y produce resultados inmediatos. Puedes ser capaz de alcanzar la experiencia de trascender de forma fácil y natural. Es una práctica de silencio interno total, lo que no puedes lograr solamente al intentar estar callado. Cuanto mayores son tus esfuerzos, más activa se vuelve tu mente. Es probable que sea la razón por la cual la mayoría de las técnicas de meditación que requieren concentración tienen un alcance limitado. Una vez que experimentes los efectos de trascender, tu mente lo recuerda y más tarde puede regresar de forma espontánea, sencilla y natural, siempre y cuando uses la técnica correcta.

A diferencia de otros tipos de meditación,

los mantras aquí no sirven para que tu mente se enfoque, sino como una "herramienta" en la que se posa tu atención lentamente y de forma inocente. Esto le permite a tu mente alcanzar de a poco pequeños niveles de pensamiento hasta que el mantra mismo es trascendido y llegas al silencio. No obstante, para que este proceso ocurra se precisan dos elementos del mantra de este tipo de meditación:

*Es un sonido sin significado. Una palabra con significado tendría a tu mente participando de forma activa, pensando acerca de la palabra en lugar de trascender ese nivel.

*Hay una resonancia en la vibración. La fuente sería el tarareo primordial, cercano al maravilloso nivel de silencio de tu mente que hace que se desvanezca en esa dirección en particular. Esto tiende a encantar y atraer tu mente, la que siempre está en búsqueda de una felicidad mayor.

¿Cuál es el origen de los mantras de la meditación trascendental?

El origen de los mantras en esta

meditación puede rastrearse a la India como parte de la tradición antigua de los Vedas. Se clasifican como sonidos en sánscrito, el lenguaje que recuerda a las vibraciones naturales generadas por el dinamismo de campo unificado. Este campo es, según la ciencia moderna objetivista, la fuente de todo, mientras que para los yoguis es el Yo. Algunos mantras se asocian con los poderes de sanación para ciertas partes de tu cuerpo, pero los mantras de la meditación trascendental están diseñados para trascender, por lo que contiene poderes de sanación significantes para tu mente y cuerpo.

¿Cómo decides el mantra para esta clase de meditación?

Existen mantras a montones, pero hay una cantidad limitada que posee beneficios comprobados. Puedes decidir el más adecuado para ti entre algunos de los mantras elegidos usados por Maharishi.

Es esencial que el mantra provenga de un maestro cualificado en meditación trascendental que tenga acceso a una selección de mantras que hayan sido transmitidos de maestro a maestro durante varios milenios. Se ha comprobado, tanto en la actualidad como históricamente, que poseen beneficios que mejoran la vida y son positivos. El maestro recibe los mantras y las pautas para transmitirlos después de meses de entrenamiento intenso. Se espera que el estudiante retenga el mantra y el procedimiento para evitar enseñarlo a cualquier persona. El propósito es preservar la santidad de las enseñanzas, asegurándose de que todos reciban una instrucción completa y adecuada.

Básicamente, la enseñanza consiste en cuatro aspectos cruciales que te garantizarán que sea efectiva para ti:

*Elegir el mantra correcto.

*Aprender cómo usarlo de forma efectiva.

*Ganar la habilidad para interpretar de forma correcta las experiencias que siguen como resultado.

*Obtener la guía y el apoyo gratuitos de un maestro completamente entrenado por el resto de tu vida.

La falta de alguno de los aspectos

mencionados podrían conducir a una práctica incorrecta, abandonarla por completo y ausencia de progreso.

La mayoría de la gente encuentra innecesario mantener el mantra en secreto antes de comenzar. El mantra, sin embargo, tiende a volverse personal para ti después de algunas meditaciones, en especial debido al hecho de que es un vehículo que te permite mejorar tu concentración. Tu mente, entonces, empieza a asociarla con la experiencia de disfrutar paz interna y calma. Se vuelve un amigo invaluable. Cuando recitas el mantra, lo transmites a otros o lo dices en voz alta, lo estás exponiendo y revirtiendo su dirección natural, lo que le quita su valor. Los mantras en esta clase de meditación son efectivos únicamente cuando se usan en contexto. Decirlo en voz alta o usarlo sin la guía adecuada de un maestro puede no ser muy efectivo. Debido a que la meditación trascendental se enseña de una manera simple, aunque efectiva, una vez que la aprendes y obtienes sus beneficios, querrás que tus amigos y familiares aprendan de la manera simple, agradable y efectiva. Por lo tanto, es difícil que alguien le dé un mal uso a su mantra, incluso si tuvo dudas al comienzo.

Es importante destacar que no cualquier sonido será efectivo. Diferentes mantras se asocian con resultados diferentes. Los mantras de la meditación trascendental son un conjunto de mantras que están diseñados para ayudarte a experimentar una meditación profunda y en calma. Lleva, por lo tanto, a una integración entre la actividad externa y el silencio interior, o sea a dinamismo en conjunción con el descanso profundo. "Om" genera un impacto poderoso en el ambiente, lo que está bien si estás cantando en grupo. Cuando lo uses como un mantra personal, solamente funcionará si pretendes darte un respiro de la vida cotidiana.

Cantar el mantra ayuda a que tu cuerpo (cuello, boca, etc.) se mantenga activo y como consecuencia, a impedir que se sumerja en un estado de descanso profundo y natural que se asocia con la meditación trascendental. Sumado a ello, cantar controla tu mente y evita que se hunda en el silencio, la que es su inclinación natural. La ciencia moderna comprobó que estos niveles más profundos y silenciosos son más poderosos. De la misma forma, los mantras tienen un impacto mucho más poderoso cuando los recitas en tu mente, en lugar de cantarlos. No obstante, puedes alcanzar el impacto más poderoso cuando trasciendes el mantra en el proceso de la meditación trascendental.

El entrenamiento con un maestro calificado no puede fallar y siempre será efectivo, ya que es el proceso natural. Es inusual que alguien experimente la sensación de que su mantra es incorrecto, pero cuando ocurre a menudo es una señal de un uso incorrecto, lo que puede ser corregido por tu maestro.

✓ Meditaciones con yoga

La meditación yóguica es un término relativamente objetivo, se emplea para referirse a varias clases de meditaciones asociadas con la tradición del yoga. La palabra "yoga" significa "unión" y su tradición se remonta al año 1700 A.C. Su mayor propósito consiste en el auto conocimiento y la purificación espiritual. El yoga clásico se divide entre las prácticas contemplativas de la meditación (Samadhi, dhyana, dharana, pratyahara), ejercicios de respiración (pranayama), posturas con el cuerpo (asanas) y las reglas de conducta (niyamas y yamas).

Cómo realizarlo

Las siguientes clases de meditación se practican en yoga, donde la meditación del tercer ojo es la más común y la más extendida.

*Meditación de la mirada

Consiste en enfocar tu mirada en un objeto externo, por ejemplo un símbolo, una imagen o una vela. Lo practicas con los ojos abiertos y después los cierras para ejercitar tanto tu habilidad de visualización como de concentración. Una vez que hayas cerrado los ojos, necesitas mantener la imagen en el ojo de tu mente.

*Meditación con chakras

Consiste en poner tu atención en cualquiera de los 7 chakras de tu cuerpo, llamados centros de energía. Puedes hacerlo mediante alguna visualización y después cantar un mantra específico por cada chakra (om, ham, yam, ram, yam, lam). Se hace, en general, en el chakra de la coronilla, del tercer ojo y el del corazón.

*Meditación del tercer ojo

Se trata de concentrarse en el espacio entre tus cejas, llamado chakra ajna o del tercer ojo. Necesitas redirigir tu atención hacia ese punto una y otra vez para aquietar tu mente. Los espacios de silencio entre tus pensamientos se vuelven cada vez más profundos y amplios. En algunos casos, puedes mirar de forma física hacia ese lugar con los ojos cerrados.

*Meditación kundalini

La forma de meditación kundalini tiene como propósito ayudarte a sanar completamente. No solo tiene beneficios para la mente, sino que también tiene un gran impacto en tu cuerpo. Te sentirás liviano y completamente rejuvenecido.

En realidad, esta práctica es muy complicada. La idea es despertar la energía kundalini, la que se dice que está dormida en la base de la columna con el fin de desarrollar varios centros físicos en tu cuerpo, y por último, alcanzar la iluminación. De todas formas, se ha asociado esta práctica con muchos peligros. Deberías consultar con un yogi cualificado antes de intentarla.

Método: Para llevar a cabo esta meditación, busca un lugar tranquilo y adopta la postura de loto.

Ahora imagina una bola de luz que se origina en tu primer chakra o rueda imaginaria, ubicado detrás de tu hueso púbico. La bola es muy pequeña. Entonces, se mueve hacia la segunda rueda ubicada en tu estómago y la bola se agranda un poco. Ahora se mueve hacia la tercera, localizada en el corazón y se vuelve un poco más grande. La bola se mueve hacia tu garganta, luego al cerebro y por último, sale a través de la parte superior de tu cabeza luego de haberse llevado todos tus problemas y estrés.

Hazlo dos veces por día durante 10 minutos cada vez.

*Yoga Kriya

Es una conjunto de meditación, respiración y ejercicios energizantes diseñados por Paramahamsa Yogananda. Es más efectivo para quienes tengan un perfil devocional, que busquen alcanzar los elementos espirituales de la meditación.

*Nada Yoga (la meditación del sonido)

Consiste en concentrarse en el sonido. Empieza por la meditación con sonidos externos, por ejemplo música relajante de ambiente como música con una flauta. Vuelcas toda tu atención hacia la escucha, con la intención de llegar al silencio y tener tu mente en calma. Con el tiempo, puedes ser capaz de escuchar los sonidos internos de tu mente y cuerpo. Tu objetivo es ser capaz de oír el para nada, o el sonido último, que se manifiesta como "OM" y no tiene vibración.

*Tantra

La mayoría de las prácticas del tantra en Occidente se asocian con rituales sexuales, los cuales no forman parte del propósito original. El tantra es una tradición vasta que consiste en diferentes ejercicios contemporáneos.

*Pranayama

Básicamente es la regulación de la respiración. Técnicamente, no es una clase de meditación, pero es una gran práctica que puede ayudar a calmar la mente y ponerte en camino hacia la meditación. Hay varios tipos de pranayama. Sin embargo, la técnica 4-4-4-4 es la más fácil y la que más se enseña. Se trata de inspirar al contar hasta cuatro, retener durante cuatro segundos, exhalar por cuatro segundos más y retener, ya sin aire, durante cuatro segundos. La respiración se debe realizar por la nariz, haciendo que tu abdomen se mueva y no el pecho. Repítelo un par de veces. Los beneficios de regular la respiración incluyen pacificar tu cuerpo y equilibrar tu estado de ánimo, con el bono adicional de poder practicarlo donde sea.

El yoga es una costumbre muy rica que se asocia con diferentes tradiciones. Hay muchas otras técnicas, por lo tanto. No obstante, las que se mencionaron anteriormente son las más conocidas y fáciles de practicar.

Es muy simple hallar el tipo de meditación adecuada para ti con todos los estilos disponibles. Si eres un músico, puedes usar nada yoga. Por el otro lado, si eres un inviduo devoto, el yoga kriya se adapta mejor a ti. Deberías intentar la meditación de chakras y la kundalini con la guía de un maestro. Como se dijo anteriormente, la meditación del tercer ojo probablemente es la más fácil, ya que es menos compleja y produce resultados bastante rápidos.

✓ "Yo soy" y la meditación de la indagación del ser

La indagación del ser se deriva de la frase en sánscrito atma vichara, que hace referencia a investigar tu verdadera naturaleza para descubrir la respuesta acerca de quien eres. Textos indios antiguos poseen referencias a este tipo de meditación, pero su popularidad y expansión pueden ser atribuidas al sagaz indio del siglo veinte, Ramana Maharshi, quien vivió entre 1879 y 1950. Esta técnica y sus variaciones se emplean mucho en el movimiento actual de no dualidad, el cual está influido por sus enseñanzas.

Cómo practicarla

Es una práctica muy simple, pero sutil. No obstante, explicarla podría sonar extremadamente abstracto. Tu ego o sentido del Yo está al centro de tu universo. Existe, de una u otra forma, detrás de todas tus percepciones, recuerdos y emociones. El dilema consiste en que la mayoría de la gente todavía no está familiarizada con qué es el "ego", quiénes son en realidad, a veces se confunden con sus etiquetas, roles, mente y cuerpo. Podría ser el mayor misterio de tu vida.

La práctica de la indagación del ser consiste en preguntar "¿Quién soy?" a ti mismo. Es importante ignorar cualquier respuesta verbal y dejar que la pregunta actúe como una herramienta para centrar tu atención en el sentido subjetivo del "yo". Integra tu ser en ello y ve más a fondo. De esta forma, descubrirás tu "Yo" real, tu verdadero yo como la conciencia total, más allá de cualquier limitación. No es tu personalidad, sino un sentido subjetivo y puro de la existencia, desprovisto de cualquier concepto o vinculación con una imagen. Cada vez que notes que los pensamientos y sentimientos llenan tu mente, pregúntate hacia quienes apuntan esas sensaciones. Claro que la respuesta debería ser "yo". Ahora, pregúntate quién eres para trasladar tu atención hacia el sentido subjetivo del yo. También puedes explicar esta práctica al enfocar tu mente en tu sentido del ser. Conserva su pureza, sin asociarla con nada que percibas.

El "Yo" en todas las demás formas de meditación se concentra en general en algún elemento, externo o interno, mental o físico. En cambio, el "Yo" en la indagación del ser se concentra en sí mismo como sujeto. Esta práctica no tiene una postura especial, pero las recomendaciones generales sobre el ambiente y la postura pueden ser útiles para los principiantes.

Meditación china

✓ Meditaciones taoístas

El taoísmo se puede rastrear a Laozi, o Lao

Tzu, es una religión y filosofía chinas. Subraya en vivir según el Tao, o la Naturaleza, donde el Tao TeChing es el texto principal, escrito alrededor del siglo seis A.C. Las prácticas de meditación budistas más adelante tuvieron influencia en los linajes taoístas, en particular durante el siglo ocho de la E.C. Esta clase de meditación se caracteriza por la circulación, la transformación y la generación de energía interna. La idea es hallar la paz interior, unificar tu cuerpo y espíritu, calmar el cuerpo y la mente, así como alcanzar la armonía con la naturaleza. Algunas clases de meditaciones taoístas están diseñadas para mejorar la salud y brindar longevidad. Las meditaciones taoístas tienen muchas cosas en común con los sistemas budistas e hinduistas. La única diferencia es que el método taoísta es más simple y menos abstracto que las tradiciones con complementos que se desarrollaron en la India. Una vez que hayas obtenido energía, puedes emplearla en aumentar la longevidad y la salud, nutrir tu "niño" interno con autocomplacencia en el plano físico, pintura y poesía, sanación, artes marciales, inmortalidad y cualquier otra cosa en la que desees usarla.

Ding (enfoque, concentración) y jing (calma, quietud, silencio) son las dos principales pautas taoístas. La idea detrás de la quietud, tanto física como mental, es dirigir tu atención hacia dentro y deshacerse de las sensaciones que vienen de afuera. Dentro de esta quietud, puedes concentrar tu mente y enfocar tu atención, sobre todo en tu respiración, así puedes desarrollar "una conciencia intencionada", que es un estado mental sin interrupciones, sin distracciones e integral, lo que permite el desarrollo espontáneo de percepciones intuitivas.

Los maestros taoístas dicen que la mente tiende a no cooperar en los comienzos de la práctica. Se trata de tu mente emocional, o ego, que se resiste a su propia desaparición ante los mayores poderes de la conciencia espiritual. Tus emociones al igual que tu ego harán lo posible para evitar verse perjudicados:

prosperan en el caos diario de la agitación emocional y el entretenimiento sensorial, a pesar del hecho de que este juego consume tu energía, desgasta tu espíritu y degera tu cuerpo. En caso de que notes que tu mente divaga en fantasías o que se halle distraída por fenómenos externos, las seis maneras a continuación pueden ayudarte a clarificar tu mente y devolverte el enfoque interno:

*Vuelve tu atención hacia el proceso de la respiración o a la energía que fluye hacia dentro y fuera de un punto específico, por ejemplo entre tus cejas.

*Presta atención al movimiento hacia arriba y abajo de tu ombligo, así como el estiramiento y la contracción de tu abdomen al respirar.

*Con los ojos semi cerrados, concentra tu visión en un mandala o la llama de una vela. Enfócate en el centro de la imagen o de la llama, pero también usa tu visión periférica para colocar los bordes en perspectiva.

*Practica durante algunos minutos la meditación con mantras para enfocar tu mente y armonizar tu energía. Aunque los mantras en general se asocian con prácticas del budismo tibetano e hindúes, han sido utilizados por los taoístas durante varios milenios. "Om" es una de las sílabas más efectivas, conocida por estabilizar el cuerpo. "Ah", en cambio, es efectiva para armonizar la energía, mientras que "hum" tiende a concentrar el espíritu. "Hum" vibra en el corazón, "ah" en tu garganta y "Om" entre tus cejas. Les corresponden los colores azul, rojo y blanco, respectivamente. Canta esas sílabas en un tono grave y profundo, utiliza exhalaciones largas y completas para cada una de ellas.

*Realiza el "tambor celestial" como una herramienta de relajación y para aumentar la energía. Las vibraciones te ayudarán a deshacerte de distracciones de los sentidos y de discursos mentales.

*Visualiza un símbolo sacro o una deidad que tenga importancia a nivel personal brillando sobre tu cabeza o colgando frente a ti. Una vez que tu mente haya recuperado la quietud y la estabilidad, así como haber borrado todas las distracciones, permite que la visión se disipe y regresa tu enfoque hacia la técnica de meditación respectiva.

La meditación taoísta es efectiva en los 3 niveles de tus "3 tesoros": mente (espíritu), respiración (energía) y cuerpo (esencia).

*Lo primero que debes hacer es adoptar una postura cómoda, equilibrar el peso, erguir la columna y tomar conciencia de las sensaciones físicas como temblor, cosquilleo, frío, calor o cualquier otra cosa que ocurra.

*Una vez que hayas alcanzado la comodidad y el equilibrio, concéntrate en el segundo nivel, es decir energía y respiración. Puedes optar por concentrarte en tu respiración cuando pasa a través de tus fosas nasales y los pulmones, o en la energía en particular entrando y saliendo de un punto conectado con tu respiración.

*El espíritu es el[rd] nivel 3, cuando tu respiración está bajo control y la energía fluye a través de los canales perfectamente. Concéntrate en las imágenes y visiones que aparecen y desaparecen, las inspiraciones y las percepciones que surgen de forma espontánea, la conciencia que se amplía y se contrae con cada respiración, los pensamientos y sentimientos que se generan y se disuelven en tu mente. Es probable que recibas imágenes a raíz de la percepción concerniente a la naturaleza última de tu mente: vacía y abierta como el espacio, sin impedimentos e infinita, luminosa y tan clara como el día.

En cuanto a lo que concierne a la postura correcta de la práctica, en la meditación taoísta existen dos posturas importantes:

*Sentarse erguido en una silla o banco bajo, los hombros en línea paralela al igual que los pies, la columna recta, las rodillas dobladas en un ángulo de noventa grados. Los beneficios de usar un banco es que tus piernas no se acalambrarán, las plantas de tus pies están en conexión directa con la energía del universo y permite que la energía interna fluya sin impedimentos a través de la parte baja y alta del torso.

La mayoría de la gente que practica la meditación taoísta tiende a usar ambas técnicas, según las circunstancias. Si decides sentarte con las piernas cruzadas, es recomendable sentarse sobre almohadones altos y firmes e incluso colocar una o dos guías telefónicas debajo para que puedas elevar la pelvis y aliviar la presión de tus piernas y rodillas. También es efectivo para mantener tu columna recta sin presionar la parte baja de la espalda.

La ubicación de tus manos es igual de importante. Apoyar tus palmas de forma ligera sobre los muslos, por encima de tus rodillas, es la postura más cómoda y natural. No obstante, hay algunos meditadores que optan por usar los tradicionales gestos con las manos, o "mudras". Practica con diferentes combinaciones de mudra y posturas hasta que alcances la que se ajusta a ti. Los maestros taoístas sugieren que hay tres formas principales para controlar el fuego mental de sentimientos, con el agua de la mente de la resolución, con el fin de alcanzar tus propósitos al meditar.

La primer técnica se llama "detenerse y

observar", consiste en ser observador de cómo los pensamientos se forman y se disuelven en tu mente, además aprender a permitirles que fluyan sin juicios ni quedarse aferrado a ellos. Esto conlleva al desarrollo del vacío común de cada pensamiento, además del desapego a la montaña rusa de los impulsos emocionales. Con el paso del tiempo, aprendes a ignorar la intrusión de los pensamientos que te distraen, lo que hace que dejen de aparecer por la falta de atención.

Land técnica 2 se denomina "observar e imaginar". Simplemente significa visualizar. Consiste en hacer el intento de visualizar una imagen, como una estrella, la luna, un símbolo sacro, Jesús, Buda o lo que sea, con el fin de que puedas redirigir tu enfoque mental de tus emociones y pensamientos y estabilizar tu mente con la conciencia en una única dirección. Otra forma es que visualices un centro de energía específico en el centro de tu cuerpo o presta atención a un sonido real o imaginario de un platillo, gong o campana en tus oídos. El punto en el que te enfoques no es muy relevante: lo único que importa es redirigir tu atención de pensamientos improductivos, fantasías, emociones conflictivas, y otras ridiculeces que distraen. En lugar de eso, concentrar la atención en un punto sólido como enfoque determinado por tu "mente sabia" o la intencionalidad de la mente.

Elrd paso 3 hacia la recuperación del control de tu mente se llama "usar la mente sabia para guiar la energía". Una vez que hayas regulado tu respiración y calmado tu mente emocional, el próximo paso es concentrarte en la energía interna. Aprende a guiarla a través del canal meridiano para que puedas revitalizar órganos esenciales, guiar la energía desde el sacro hasta tu cabeza para energizar el cerebro y el espíritu, intercambiar energía vieja por energía renovada proveniente de fuentes externas (cielo/paraíso) y la tierra. Comienza por concentrarte en tu campo de elixir inferior situado debajo de tu abdomen, luego redirige la energía desde allí hacia el perineo, que suba al coxis, a lo largo de tus centros vertebrales hasta llegar a tu cabeza. Paso siguiente, enfócate en tu campo de elixir superior ubicado entre tus cejas. A pesar de que todo esto puede sonar un poco esotérico y vago a un principiante, cuando lo practiques por algunos meses, en algún momento obtendrás beneficios de empaparte en el mundo de la energía al combinarlo con hábitos alimenticios apropiados y Chi Kung. Solamente debes conservar la quietud y el silencio el tiempo sufienciente para que la mente desarrolle conciencia al respecto.

Antes de que te dispongas a meditar, siempre es una buena idea abrir tus canales energéticos y hacer ejercicios de calentamiento como algunas prácticas de Chi Kung. Eso activa la circulación de la energía interna y te permite estar sentado durante largos períodos sin adormecimiento ni rigidez. Cuando hayas terminado evita bañarte durante 20 minutos por lo menos para que la energía no se pierda a través de los puntos abiertos de energía y los poros. Quienes vivan en el hemisferio norte obtienen mejores beneficios al sentarse en dirección este o sur, donde en general está el sol. Aquellos que vivan en el hemisferio sur deberían sentarse orientados al este o el norte.

✓ Qi Gong

El Qi Gong o Chi Kung ("chi gung") es una clase de ejercicio que consta de movimientos suaves, que se repiten varias veces, lo que aumenta el movimiento de los fluidos (linfa, el líquido sinovial y la sangre) y estira el cuerpo. Cuando aprendes y practicas la meditación Qi Gong, notas que está relacionada con los movimientos internos y externos. En China, esos flujos o movimientos se denominan poder interno o "neigong". Esos movimientos hacen que la práctica fortalezca la salud y la longevidad. Sumado a ello, los movimientos internos hacen que el Qi Gong se diferencie mucho de la mayoría de los ejercicios que se practican en Occidente, los cuales se centran por lo general en movimientos cardiovasculares prolongados (como andar en bicicleta y correr) o en el desarrollo de la fuerza muscular (como levantar pesas).

Son evidentes los beneficios que el Qi Gong ha tenido en la población china a lo largo de miles de años. El propósito del taoísmo es desarrollar el chi, o la fuerza de la vida, la que es la filosofía y la religión originales de China. De hecho, los taoístas fueron quienes introdujeron el concepto del yin/yang, arreglo de huesos, hierbas chinas medicinales y acupuntura al mundo. El problema es que, hasta ahora, todas esas contribuciones han permanecido ocultas al conocimiento occidental debido a las grandes barreras de idioma y culturales. En cuanto la acupuntura, esas barreras se están comenzando a romper, pero la situación es relativamente la misma que en el caso del Qi Gong. El aporte más importante de esta práctica es la prevención o el alivio de problemas de salud crónicos. Algunas de los malestares en los que el Qi Gong ayudó a tratar son enfermedades físicas generales, problemas de articulación y de espalda, dolor en los nervios, circulación deficiente, malestares de los órganos internos y cáncer.

Qi Gong y claridad mental

La mayoría de los problemas físicos tienen como causa el estrés emocional o mental. Por lo tanto, la importancia de alcanzar la tranquilidad interior mediante el Qi Gong no puede ignorarse. Realizar esta práctica puede ayudarte a lidiar con la confusión general, pensamientos sobre la muerte, depresión, ira y el estrés que puebla tu mente cuando no tienes el chi en equilibrio y regulado. Cuando fortaleces y equilibras tu energía mental, mejora la habilidad para notar pequeños detalles y ver el mundo en un nivel de complejidad cada vez mayor. El hecho de no llevar a cabo ninguna práctica en el desarrollo de la energía puede evitar que adquieras esas habilidades para tu vida.

Los 3 tesoros espirituales del taoísmo

El Qi Gong también puede ayudarte a nivel espiritual. Todas las prácticas interiores taoístas apuntan a la transición química de la mente, cuerpo y espíritu con el fin de crear armonía con el Tao. Cuando eres capaz de experimentar la energía de tu cuerpo, se vuelve posible comprender la energía de tus sentimientos y pensamientos, lo que lleva a entender la energía de tu espíritu. En este punto, puedes entender por completo la energía del vacío o la meditación. El vacío te posibilita unificarte con el Tao.

El taoísmo postula que todos tenemos tres tesoros: shen (poder o energía espiritual), chi (energía) y jing (la esencia de tu cuerpo físico o la energía de los ovarios o del esperma). Wu, que es básicamente el vacío, es el origen y el que conecta los 3 tesoros.

La energía de la vida universal la usan los taoístas como la base de la investigación espiritual. Crear la armonía con el Tao, que es el propósito ideal, ha recibido muchos nombres, entre ellos "entendimiento último", "llegar al Nirvana", "encontrarse con el Padre en el cielo" e "iluminación". Los taoístas creen que lo más recomendable es comenzar con la energía de tu cuerpo, luego seguir con tus pensamientos y emociones, antes de pasar a la energía espiritual y, finalmente, volverse uno con el Tao. Comúnmente se cree que una vez que has alcanzado un estado de vacío, no hay vuelta atrás. Pero este no es el caso. Simplemente estás cada vez más conciente de este estado y, lentamente, pasas más tiempo allí. Mientras seas dependiente de un cuerpo físico, siempre tendrás necesidades físicas. No es posible, entonces, vivir en el vacío.

Solamente deberías practicar el Qi Gong si te interesa tener un cuerpo saludable, en vez de obtener beneficios espirituales o psicológicos. De hecho, los practicantes de artes marciales han empleado el Qi Gong por generaciones. Muchos de ellos no estaban interesados en el desarrollo espiritual. En cualquier caso, cada meditación espiritual taoísta empieza con Qi Gong, más allá del nivel de logro que desees alcanzar a largo plazo.

Disolver bloqueos energéticos

La iluminación es, en general, el foco para la mayoría de las personas relacionadas con disciplinas espirituales, donde terminan lesionando sus cuerpos y con la mente confundida. El error común que cometen es tratar de realizar las disciplinas espirituales avanzadas sin eliminar primero las barreras energéticas en sus cuerpos tanto emocionales como físicos. Seguir este método puede provocar una especie de cortocircuito en tu sistema, debido a que las prácticas espirituales pueden producir más energía que la que puede manejar tu cuerpo o mente. De hecho, muchos monjes han tenido que buscar la ayuda de maestros taoístas en un intento para arreglar los daños provocados debido a técnicas de meditación demasiado poderosas para sus sistemas. Esta es la razón por la que el Qi Gong se utiliza como un ejercicio preparatorio para la meditación taoísta. El chi kung también puede mejorar la salud, eliminar los bloqueos energéticos, fortalecer los nervios y calmar las emociones negativas. Sin embargo, practicar Qi Gong solamente no alcanza para eliminar y solucionar los bloqueos espirituales y emocionales severos y traumáticos, los que forman parte a un nivel más profundo de tu conciencia.

El Qi Gong se desarrolló principalmente para ayudar a disminir la tensión y mantener a la gente con buena salud. Lo practica gente de todas las creencias religiosas y espirituales. Aunque el Qi Gong se base en el taoísmo, no estás obligado a creer o aprender su filosofía para practicarlo.

Los taoístas han estado practicando técnicas para fortalecer el chi durante 5 mil años. La mayoría de los taoístas son renuentes a declarar que practican el Qi Gong, prefieren practicarlo de forma discreta en privado. Europa y los Estados Unidos están llenos de cultos en la actualidad. En general, la gente que practica Qi Gong hace lo posible para no estar vinculados a ningún culto. La práctica apunta a beneficiar tu vida. El desafío es que el Qi Gong puede producir algunos efectos potentes. Sus técnicas se han incorporado a ciertos cultos para sumar adscriptos. China está muy familiarizada con el fenómeno de los cultos, los que se han considerado como irrelevantes para el desarrollo de la conciencia y la evolución humana. El Qi Gong fue empleado por los taoístas para hacer que la mente esté más equilibrada y clara, el cuerpo más sano, las emociones más tranquilas y mejorar las capacidades espirituales.

Cómo practicarla

Método 1:

*Encuentra el punto de equilibrio de tu cuerpo.

Este punto se halla por lo general entre el corazón y el ombligo. Párate erguido o siéntate. Mantén tu cuerpo alineado en una línea central: el peso de tu cuerpo sobre las caderas, la cabeza alineada con tu columna. Encuentra tu centro estable, mantén el equilibrio cuando muevas tus brazos sobre la cabeza, ya sea hacia delante o atrás. Siéntete conectado a la tierra con el cuerpo centrado y sumergido, con tus pies apoyados firmemente en el suelo. Intenta relajarte mientras centras y alineas todo el cuerpo. En tu práctica, en ti mismo, haz que la Tierra y el Cielo sean uno, alineados y conectados.

*Concentra tus ojos dentro de tu cuerpo.
Con tus ojos alerta, enfoca tu atención en prácticas del Qi Gong o simplemente posa tu atención sobre un único pensamiento. Necesitas aprovechar al máximo tus ojos en la práctica del Qi Gong con el fin de alcanzar un estado mental excelente. Tus pensamientos serán guiados por tus ojos, mientras que a tu mente la construirán tus pensamientos. También puedes incluir al tercer ojo para alcanzar las puertas sensoriales del Tao, tus experiencias, sentidos, lo que dice tu mente y el cuerpo.
*Levanta la cabeza.
Tu cabeza debería orientarse hacia arriba. Mantenla en alto y alineada con la columna. Puedes realizar algunos ejercicios para ayudar a que los músculos de la parte superior de la espalda, el cuello y la cabeza se mantengan flexibles, coordinados y más fuertes. Mantente alerta y activa tus oídos y cabeza. Eleva la cabeza al cielo, alinea tu cabeza sobre tu espalda y cuello, deja caer los hombros y relájate. Todo eso hará que tu chi se concentre lentamente. Ahora, mira hacia

adelante e intenta permanecer en el momento presente. Mantente alerta, adopta una sonrisa relajada, permanece concentrado, mantén la cabeza en alto y concéntrate como es preciso.

*Equilibra tu mente.

Calma tu mente, deshazte de pensamientos irrelevantes y desequilibrados y busca el chi espiritual. Empuja tus energías esenciales (Ki, Prana, Qi) hacia el centro de equilibrio. Ahora, procede al Qi Gong mientras estás meditando.

La meditación Qi Gong podría ajustarse más a quienes deseen incoportar más energía y actividad física a su meditación. Si notas que no puedes soportar la meditación sentada y que te gustaría algo más activo, considera practicar algunos tipos de Qi Gong más dinámicos.

Método 2:

Método: Para llevar a cabo esta forma de meditación, adopta la posición de loto y siéntate con la espalda erguida.

Luego, imagina una bola de aire fresco que se origina en la rueda de tu estómago y sube hacia el corazón y llega al cerebro, entonces regresa al corazón y al estómago. Sigue circulando dentro de ti hasta que te sientas totalmente relajado.

Puedes hacerlo dos veces al día durante 10 minutos a cada uno.

Conclusión

Te agradezco una vez más por haber descargado este eBook y espero que hayas disfrutado leerlo. El objetivo principal de escribir este libro fue informarte sobre la importancia de mantener una rutina de meditación regular que unifique tu mente, cuerpo y alma.

Solamente de esa forma podrás llevar una vida pacífica y mantener al margen enfermedades físicas y mentales.

Espero que este libro te inspire para comenzar a meditar y que lo conviertas en un hábito de estilo de vida. Te deseo suerte en este esfuerzo. ¡Buena suerte!

www.ingramcontent.com/pod-product-compliance
Lightning Source LLC
Chambersburg PA
CBHW072003070526
44583CB00015B/1318